DIE *ENTRÜCKUNG*

Von der wahren Bedeutung des Wortes und dem Irrtum einer Kirchenlehre

Eine Aufklärung über die neue Bibel und das neue Wort Gottes an die Menschheit des 3. Jahrtausends

Zusammengestellt & bearbeitet von

Hanno Herbst

Titelbild gemalt von

Silvian Sternhagel

Herbst - Medien

„Wenn ihr Mir den Tempel eures Herzens bereitet, dass ihr ja sagt zu Meinem Willen, dann könnt ihr nur Freude in euch haben. Dann ist es Mein Heiliger Geist, der euch entrückt von dieser Welt des Elends, der Lieblosigkeit, des Haderns und euch einführt in Mein heiliges Erbarmen, in Meine unendliche Liebe für euch.“

J.H. Nr. 34 2. 9. 1958, Buch 1

Zur Buchreihe
„Die großen Lebens- und Kirchenfragen“:

Viele Inhalte der Bibel wurden mit den Jahren durch im Geiste *nicht*-erweckte Theologen verändert und falsch ausgelegt, so dass es den Gläubigen unserer Zeit immer schwerer fallen muss, den inneren Sinn des Wortes Gottes zu erfassen und selbst Erleuchtung zu erfahren. Wie zu allen Zeiten der Menschheitsgeschichte leitet der Herr gerade dann Sein reines Wort zur Erde herab, wenn Finsternis und Wirrnisse am größten sind. Wir leben inmitten der verheißenen Zeit der Wiederkunft Christi, doch darunter, wie auch unter dem gesamten Glaubensleben, stellt sich der moderne Mensch heute etwas anderes vor als es in Wahrheit ist und sein sollte. Viel zu materiell sind die Begriffe vom Dasein geworden, als dass ein geistiges Verständnis vom Leben überhaupt noch möglich wäre. Bildung und Erkenntnis sind schon die Grundpfeiler des zeitlichen Lebens. Der Herr möchte in uns, durch die Erkenntnis der Wahrheit des Lebens, Seinen Geist erwecken und unsere Gemüter ausbilden zur Liebe und damit zum ewigen Leben unserer Seelen. Der Glaube an das Wort Christi und dessen Befolgung bilden dafür die Grundlage, jetzt und in Ewigkeit. Gott Selbst, in Seiner Wiederkunft als der Christus, dem Geist der Wahrheit aus Seinem Ur-Lebenszentrum der Liebe, lehrt uns hier persönlich in Seinem wiedergekommenen Wort der Neuoffenbarung.

Von der „Entrückung“,

wie sie die verschiedenen Kirchen heute lehren, gibt es die abenteuerlichsten Vorstellungen und keine davon liegt nahe an der Wahrheit, weil es sich hierbei um kein äußeres Ereignis handelt. Dieses Buch klärt darüber auf, was der Begriff der „Entrückung“ in Wahrheit meint und was dies für den Gläubigen bedeutet. Was ist die Entrückung und was oder wer wird wann, wie und wohin entrückt? Auf all diese Fragen findet man in diesem Buch die schlüssigen Antworten.

Die Entrückung

Von der wahren Bedeutung des Wortes und dem Irrtum einer Kirchenlehre

von Johannes Wilhelm

2. Auflage
Taschenbuchausgabe von 2019
Herbst Medien & Verlag

ISBN: 9783947465217

Inhaltsverzeichnis

Vorwort

"Hat der Mensch den Willen Gottes erkannt, so ordne er seinen Willen ganz dem Willen der Ewigen Liebe und der höchsten Weisheit in Gott unter und lasse sich von dem Willen Gottes gleichsam ganz verzehren, so wird er dadurch vom Geiste Gottes völlig durchdrungen werden und aus diesem als eine neues Wesen zum ewigen Leben hervorgehen."

J.L., Großes Evangelium Johannes, Bd.9, Kap.116

Christen sprechen heute vielfach und fälschlicher weise davon, mit dem bloßen Annehmen von JESUS und einem öffentlichen Glaubensbekenntnis bereits "wiedergeboren" zu sein. Die richtigere Bezeichnung aber wäre die "Neugeburt" der Seele, denn aus dem Willensbekenntnis erst heraus kann der Göttliche Geist in die Seele nach und nach einzuwirken und einzufließen beginnen, was die wahre Lebenstaufe ist, welche mit der gleichzeitigen Läuterung der Seele (der Reinigung von der Selbstsucht) einhergeht. Am Ende dieses Prozesses steht die Vollendung der Seele, was die eigentliche Wiedergeburt, also das völlige Einssein der Seele mit dem Geiste aus Gott in ihr, bedeutet. Dieses Ziel wird aber für gewöhnlich erst Jenseits des Fleisches erreicht. Möglich aber wird die Erreichung dieses hohen Zieles der Lebensvollendung erst durch die Annahme JESU CHRISTI, als der einzigen Lebens-wahrheit, und dem bedingungslosen Handeln nach Seinem Wort. Doch nur, wer Sein Wort um des Guten und Wahren selbst willen annimmt und tut, nicht aber etwa, um eines wie auch immer gearteten Lohnes oder Vorteils wegen, gelangt unmerklich zur geistigen Wiedergeburt, und wird somit auch gleichsam Entrückt von seiner egoistischen Selbstliebe.

➔ *Dazu noch ein Wort des wiedergekommenen Christus:*

"Wer da auf dem schmalen Lebenspfade nicht einen kleinen Kampf mit den Flammen der Selbstherrlichkeit und Eigensucht bestehen will, der kommt nicht an den Ort des größten Geheimnisses. Wer aber diesen Kampf nicht scheut, der gelangt auf dem kürzesten Wege wohlbehalten an Ort und Stelle und erschaut da im größten Liebelicht - das Wunder der Kreuzigung!"

J.L., Natürliche Sonne, Kap.21

Ev.Joh.3,5. Jesus antwortet: „Wahrlich, wahrlich, Ich sage es dir: Es sei denn, dass jemand geboren werde aus dem Wasser und aus dem Geiste, sonst kann er nicht in das Reich Gottes kommen!“

Der Herr: "Auf diese abermalige Frage gab Ich dem Nikodemus genau wieder die Antwort, wie sie in vorstehendem 5. Vers vorkommt; sie ist von der ersten nur dadurch unterschieden, dass es hier näher bestimmt wird, woraus man eigentlich wiedergeboren werden muss, um ins Gottesreich zu kommen, nämlich aus dem Wasser und aus dem Geiste, was soviel sagen will als: Die Seele muss mit dem Wasser der Demut und Selbstverleugnung gereinigt werden...

(Anmerkung: denn das Wasser ist das urälteste Symbol der Demut; es lässt alles aus sich machen, ist zu allem dienstfertig und sucht sich stets die niedersten Stellen der Erde aus und flieht die Höhen)

...und dann erst aus dem Geiste der Wahrheit, die eine unreine Seele nie fassen kann, da eine unreine Seele gleich ist der Nacht, während die Wahrheit eine Sonne voll Lichtes ist, die allenthalben Tag um sich verbreitet.

Wer demnach in seine durch die Demut gereinigte Seele die Wahrheit aufnimmt und diese tatsächlich als solche erkennt, den macht dann ebensolche Wahrheit im Geiste frei, und diese Freiheit des Geistes oder das Eingehen des Geistes in solche Freiheit ist dann auch das eigentliche Eingehen in das Reich Gottes."

J.L., Das Große Evangelium Johannes - Band 1 / 18. - Über die Wiedergeburt im Geiste. Des Nikodemus schwaches Verständnis

JESUS: "Die drei Stadien der Wiedergeburt aber sind: zuerst die Bezähmung des Fleisches, dann die Reinigung der Seele durch den lebendigen Glauben, der sich natürlich durch die Werke der Liebe als lebendig erweisen muss, ansonsten er tot ist, und endlich die Erweckung des Geistes aus dem Grabe des Gerichtes."

J.L., Das Große Evangelium Johannes - Band 1 / 10. - Die Hochzeit zu Kana, ihre Entsprechung. Die drei Stufen der Wiedergeburt

Kapitel 1:
Die Entrückung

Körper, Seele, Geist - Wer sind wir und was wird wohin entrückt?

Grundsätzliches zum Verstehen der Entrückung:

Unbegreiflich ist es den Menschen, in welchem Verhältnis Körper, Seele und Geist zueinanderstehen, und darum ist auch das Wirken des Geistes ihnen schwer zu erklären. Es steht der Geist im Gegensatz zum Körper, während die Seele zwischen beiden steht, also gewissermaßen für Körper oder Geist sich entscheiden muss, sich niemals aber beiden zuwenden kann.

Die Seele ist bei Beginn der Verkörperung als Mensch gänzlich dem Körper zugetan, sie hat also das Bestreben, dem Körper alle Wünsche zu erfüllen, d.h. Denken, Fühlen und Wollen der Seele des Menschen ist nur auf den Körper eingestellt, der, als selbst noch Materie, sich mit der Materie auch zusammen zu schließen sucht. Also wird der Mensch Verlangen haben nach materiellen Gütern, weil diese der Inbegriff dessen sind, was dem Körper behagt. Der Geist kommt also so gut wie nicht zur Geltung, die Seele hört nicht darauf, was der Geist von ihr verlangt; er kann sich nicht durchsetzen, weil der Körper noch das Übergewicht hat und die Seele voll und ganz mit Beschlag belegt, also ihr Sinnen und Trachten beherrscht.

Es kann aber die Seele auch die Wertlosigkeit

irdischer Dinge erkennen, sie kann des Körpers Begehren als unwichtig ansehen, sie kann mehr verlangen vom Erdenleben, als nur materielle Güter... dann kommt der Geist zum Recht. Er äußert sich nun der Seele gegenüber und wird von ihr angehört. Es beginnt die Seele eine andere Richtung einzuschlagen, sie verlangt nun nicht mehr für den Körper, sondern strebt geistige Güter an, sie lässt sich belehren, d.h., sie nimmt widerspruchslos an, was ihr der Geist vermittelt, ja sie fühlt sich beglückt und beachtet stets weniger ihren Körper oder sucht auch ihn dem geneigt zu machen, was der Geist von der Seele verlangt.... die irdische Materie aufzugeben, um geistige Güter einzutauschen. Nun hat der Geist gesiegt über den Körper, beide, Geist und Körper, suchen die Seele für sich zu gewinnen. Und sowie es dem Geist gelingt, die Wünsche des Körpers zu verdrängen, ist er Sieger.

Was aber ist unter Geist zu verstehen?

Es ist der Geist das Göttliche im Menschen, es ist das, was den Menschen als Gottes Geschöpf kennzeichnet, es ist der Geist das Band, das den Menschen mit dem Vatergeist von Ewigkeit verbindet. Es ist das Bewusstsein im Menschen, mit dem Vater von Ewigkeit auf ewig verbunden zu sein. Sowie er in Aktion tritt, erkennt sich der Mensch erst als Geschöpf Gottes, zuvor ist er sich nur als Lebewesen bewusst, das dem Leben alles abgewinnen möchte, was dieses bietet.

Erkennt sich der Mensch aber, dann ist ihm die Welt nichts mehr, dann sucht er höhere Güter, dann sind seine Gedanken dem geistigen Reich zugewandt, dann sucht er in Verbindung zu treten mit Dem, Der ihm das Leben gab, dann ist sein Denken richtig und sein Wollen und

Handeln dem göttlichen Willen entsprechend. Dann wirkt also der Geist aus Gott im Menschen, Dem sich nun die Seele überlässt, dass Er sie leite und belehre, auf dass Körper, Seele und Geist nun eins werden und den Zusammenschluss suchen mit Gott, weil der Geist im Menschen unablässig drängt zum Vatergeist, mit dem er untrennbar verbunden ist und bleibt bis in alle Ewigkeit.

Was ist die Entrückung?

Die Seele, das sind wir... Sie ist unser eigentliches Wesen, unser ewiger, geistiger (feinstofflicher) Leib, der den natürlichen Körper-Avatar auf eine kurze Zeit belebt und benutzt zur Erprobung ihres Willens. In ihr ist eben unser Wille, unsere Liebe, unsere Neigungen, Wünsche und Begierden, also unser ganzes Seins-Bewusstsein, das unsterblich ist, weil geistig, und nicht ein Teil von Raum und Zeit der Materie-Hülle des sterblichen Avatars.

➔ Unter der Entrückung, im Geist und somit in der Wahrheit des Seins, wird verstanden: Das volle Abrücken der Seele mit all ihrem Wollen, ihrer Liebe und ihren Wünschen und Neigungen vom körperlichen, materiellen Außenleben... und dem Hin-Rücken zum inneren, ewigen Leben des Geistes aus Gott!...

Das ist die Entrückung, und sie ist kein Vorgang, welcher sich leiblich, äußerlich vollzieht (denn wir selbst sind ja nicht, wie wir nun wissen, unser Leib, der ja nur ein Avatar für die Seele ist), sondern er vollzieht sich still und unscheinbar inwendig in unserem Seelenleben, denn der Geist, Der ja Gott Selbst ist in uns, also ein Funke Seines ewigen Gotteslebens in einer jeden Menschenseele seit Adam - was ja die Erschaffung des (geistigen) Menschen war - ist ja das Innerste alles dessen was existiert, und wir können und werden nirgendwo anders je hin ent- oder gerückt werden können, als zum innersten, ewig wahren Urgrund alles Seins... hin zu Gott in uns!

Sobald dem Schöpfer unser ernstes Wollen gehört, wird Er unsere Seele nach und nach ganz zu Sich ziehen, bzw. Sein Geist wird unsere Seele ganz zu durchdringen anfangen, bis diese endlich ganz vom göttlichen Geist durchdrungen und somit für ewig bleibend vollendet ist ... *HH*

B.D. 4757, empfangen am 9.10.1949

Aufklärendes über die Vertreibung aus dem Paradies

Von Herz und Verstand, Geist und Materie ...die wahre Bedeutung der Entrückung

Um das alles in der Wahrheit verstehen zu können muss man wissen, dass es hinter allem Materieleben ein geistiges Leben gibt, bzw. dass das Geistige das Innerste eines jeden Dinges ist; von dort nimmt alles seinen Ausgang.

So ist auch inwendig in uns der Himmel, was das geistige Leben meint. So, wie die Frucht im Keim das Leben in sich trägt. Der Geist ist das Reale, Wahre, Wirkliche, denn die Materie bestünde ohne diesen nicht, sie ist nur Ausdruck des Inwendigen, doch die Wahrheit ist immer nur der Geist in allem. Gott ist dieser Geist... ER ist die Wahrheit, die alles erhält und durchdringt.

Für den Menschen bedeutet der Zustand, da er in die Verbindung mit dem göttlichen Geist in sich gelangt, das „Paradies"; und weil das Urzentrum dieses Gottesgeistes Liebe ist, so entfachen wir diesen Gottes-Geistfunken – welcher in jedem Menschen ruht seit Adam wie wir wissen – nur wieder durch Liebe, und nähren dieses Liebefeuer mit dem Licht der Wahrheit, die Gott uns immer wieder zukommen lässt.

Diese Liebe ist beschrieben mit dem „Baum des Lebens", und der Zustand, in solch einer lebendig wahren Verbindung mit dem Lebens-Urborn – mit Gott – zu stehen, wird als „Paradies" beschrieben.

Es ist das Paradies also kein materieller Ort, weder auf Erden noch hinter irgendwelchen Sternen, für materielle, vergängliche Leiber, die dort etwa in Trägheit und Wollust schwelgen... sondern ein überaus beglückender Zustand der Erkenntnis, Liebetätigkeit und Gegenwart Gottes im Menschen!

Was ist nun der „Baum der Erkenntnis“ und dessen Früchte, und was die Vertreibung aus dem Paradies?

Der Mensch, der seinen Verstand nicht mit der Liebe und Weisheit Gottes erleuchten lässt und selber forscht und berechnet, vergräbt sich in die Materie und findet auch nichts anderes, als nur wieder Materie. Er definiert sich und das Leben im Gehirn, welches selbst nur aus Materie besteht und folglich nur in Raum- und Zeitdimensionen denken und handeln kann. Er befindet sich in der harten (Nuss) Schale des Scheins, nicht aber im geistigen Kern und der Wahrheit des Seins, Jenseits von Raum und Zeit.

Solche Menschen vertreiben sich also nur selbst aus dem Paradiese, aus der Verbindung mit dem ewig wahren Leben in und aus Gott.

Wir sind Seelen, die hin und her gerückt sind zwischen Fleisch (materieller Nutznießung und Lebensanschauung) und Geist. Wer sich im Fleisch gründet, fühlt die Endlichkeit, denn das Fleisch ist im Gericht und im Tod. Die Seele muss also entrückt werden vom Fleisch und hin gerückt zum geistigen, ewig wahren Leben Gottes in ihr, denn dieses Gottesleben wurde ab Adam in die Seele des Menschen hineingelegt und bedeutet die „Erschaffung des (geistigen) Menschen"...

Natürlich gab es vor Adam schon Menschen, die sogenannten Prä-Adamiten, das ist längst bewiesen, es war dies die Erd-Epoche des Heranbildens der Menschenseele, aber eben nur der Seelen-Hülle, noch ohne geistiges Leben, wie sie in allen Lebensformen vorkommt, welche rein nur auf das Erreichen materieller, irdischer Ziele hin arbeiten. Ein Mensch, der nur irdische Ziele verfolgt, ist noch nicht entrückt. Sein Geist schläft und ist untätig, wie Tod, weshalb man auch vom geistigen Tode spricht. Äußerlich betrachtet ist er wohl putzmunter und quicklebendig, im Geist und in der Wahrheit aber ist dieser Mensch Tod und aus dem Paradiese vertrieben... Man sieht den geistigen Tod, von Außen betrachtet, ebenso wenig jemandem an, wie man dem geistig Neugeborenen es ansieht, dass der Prozess der Entrückung eingesetzt hat und er wieder im Paradiese sich befindet.

Solches ist kurz gesagt die „Entrückung", wenn ein Mensch seine Seele entrückt vom Fleisch und hin rückt zum Geiste Gottes in ihr; und weil es einen Himmel und ein Paradies nur inwendig im Herzen des Menschen gibt und es keine äußeren Orte sind, sondern Zustände der Seele, so bleibt die Entrückung dem Fleischauge unsichtbar, und nur der Geistgeweckte nimmt dies bei seinem Nebenmenschen wahr, so, wie er auch die Wiederkunft CHRISTI wahr nimmt, welche ebenfalls innere Vorkommnisse der Erkenntnis (in den Wolken) Gottes (des Himmels) im Menschen sind...

Hanno Herbst – HH

Die Wiedergeburt ist der Prozess der Entrückung

Erklärung zu Offenbarung des Johannes, Kapitel 12, Vers 1, 2, 5:

„Und es erschien ein großes Zeichen am Himmel: ein Weib, bekleidet mit der Sonne, der Mond unter ihren Füßen, und

> auf ihrem Haupte eine Krone von zwölf Sternen. Und sie ward schwanger, schrie in Kindsnöten und hatte Pein und Wehen der Geburt. – Und sie gebar ein Kind, einen Sohn, welcher alle Völkerschaften regieren würde mit eisernem Zepter Und ihr Kind ward entrückt hin zu Gott und zu dessen Thron."

JESUS: „Aber Freunde, so etwas Klares und Leichtes nicht zu verstehen, was euch alle doch so nahe angeht und nun schon so klar vor euren Augen ausgebreitet liegt! Wo habt ihr denn euren Geist, wo euren Sinn? Wohin ist der wohl gerichtet?!

Wenn jemand in der Nacht fragt: „Wo steht nun etwa die Sonne?", da mag so etwas wohl angehen. Aber höret, am Tage sich nach dem Stand der Sonne zu erkundigen, heißt das nicht blind sein oder sich wenigstens geflissentlich die Augen zuhalten und mit dem Stand der Sonne die sogenannte „blinde Maus“ spielen!?

Was wohl ist das „Weib“, das am Himmel mit der Sonne bekleidet erscheint? – Das „Weib“ ist das edle Bild eines Menschen ohne Zeugungskraft, wohl aber fähig und empfänglich für die Zeugung. Sonach ist dieses Weib ein vollkommenes Ebenmaß des Menschen, somit kein Zerrbild, kein Unmaß des Menschen.

Ebenso ist auch Meine Lehre, die doch sicher in dem vollkommensten Himmel erscheint, weil sie in Mir und aus Mir hervorgeht, gleich dem Weibe ein vollkommenstes Ebenmaß dem geistigen Menschen, für sich zwar nicht zeugungsfähig, aber der Mensch wird durch sie aufnahmefähig für alles Liebegute, was da ist die reine, himmlische Gottliebe als das ewige Geistleben aus Mir. – Das Geistleben der Gottliebe aber ist das „Kind“, mit dem Meine Lehre befruchtet wird im Herzen des Menschen.

Es ist hier freilich nur von Meiner *reinen*

Lehre die Rede wie von einem vollkommenen himmlischen Weibe – also von keiner Irrlehre und von keinem Affenweibe. Dass dieses vollkommene Weib oder Meine reine Lehre sicher mit der „Sonne" oder mit Meinem Lichte alles Lichtes „umkleidet" ist, weil sie aus Mir Selbst kommt, das wird ja etwa doch ganz natürlich sein!

Weil aber eben dieses vollkommene himmlische Weib oder Meine reine Liebe nur zur Aufnahme der himmlischen Liebe aus Mir fähig ist, so tritt sie den „Mond", als das unbeständige Symbol der Selbst- oder Weltliebe, mit den Füßen als eine ihrem rein himmlischen Wesen ganz entgegengesetzte Polarität – um mit euch ein bisschen gelehrt zu sprechen.

Und so ist sie auch geziert mit „zwölf Sternen" oder mit den zehn Geboten Mosis und zuoberst mit den zwei Geboten der (Gottes- und Nächsten-)Liebe – aber nicht etwa mit den zwölf

Aposteln und ebenso auch nicht mit den zwölf Stämmen Israels, sondern wie gesagt, geziert mit allen den zwölf Gesetzen des ewigen Lebens.

Das „Weib“ oder die tätige Lehre aus Mir im Menschen aber wird und ist schon „schwanger“. – Womit? – Habt ihr nie etwas von der Wiedergeburt gehört!? Heißt es da nicht: „Wer da nicht wiedergeboren wird aus dem Geiste, der kann in das Reich Gottes nicht eingehen!“?

Seht, das „Kind“, womit das Weib schwanger ist, ist die reine Gottliebe, welche aber durch die mannigfache Selbstverleugnung dem äußern Menschen sehr wehe macht, bis diese himmlische Liebe im Geiste des Menschen durch sie reif wird zur herrlichen Wiedergeburt zum ewigen Leben.

Das Kind aber ist ein „Knabe!“ – Warum denn kein Mädchen, also ein Weib in der Entstehung? – Weil in dieser Liebe, wie im Manne und nicht im Weibe, die schöpferische Zeugungskraft liegt und liegen muss

Dieses Kind oder die aus Meiner Lehre geborene Gottliebe im Geiste des Menschen wird dann mit „eisernem Zepter“ oder mit der unbeugsamsten Gotteskraft „alle Völkerschaften“ oder alle Forderungen und sinnlichen Leidenschaften der Welt bändigen – und wird dadurch, als Leben aus Mir, *den Geist des Menschen und alle seine Neigungen zu Mir hin „entrücken“* und wird seine Wonne schöpfen an Meinem „Throne“, der da ist die wahre Weisheit aus Mir ewig!

Seht, das ist der überaus leicht fassliche Sinn dieser Verse! – Also muss aber alles in diesem allein wahren Lichte betrachtet und begriffen werden, sonst ist es ein Zwielicht, das da mit der Zeit jeden Leiter (Führer) in die finsteren Sümpfe und Moräste irreleitet.

Solches also sehr wohl gemerkt und verstanden! Amen.“

Erwartet keinen Tag und keine Stunde, alles ist Entwicklung und Prozess

JESUS: „Meine Kinder, ihr steht in eurer heutigen Zeit des 21. Jahrhunderts in der Entsprechung zur Zeit Noahs. Die Menschen damals wurden von Mir eingeladen, in die Arche zu kommen zu ihrer eigenen Rettung vor der Katastrophe. Sie wurden von Meinen Engeln belehrt und gewarnt, doch achteten sie nicht der vielen ernstgemeinten Mahnungen und Appelle. Sie lebten ihr gewohntes, sündiges Leben ohne Mich weiter wie bisher. Und als Ich die Arche auf dem Berge schließlich verschloss, und nur

Noah und seine Familie Meinem Ruf im Gehorsam gefolgt war, wie fühlte sich Noah, als er, gerettet in der Arche, wusste, dass alle die Menschen mit tauben Ohren, die ihn zur Genüge verspottet hatten, außerhalb der Arche ertranken? Er schaute nur auf Mich, lobte und pries Mich für seine Rettung und war sich bewusst, dass Ich alles, aber auch alles zur Rettung der Menschen getan hatte

(Anmerkung: in ständiger Hochachtung ihres freien Willens, ohne welchen sie nicht Gottes Ebenbild geblieben wären)

und er wusste, dass dieses Gericht unabwendbar war, weil die Menschen dies in ihrer Freiheit selbst ausgelöst hatten

(Anmerkung: sie trieben Stollen und Schächte in das Innere des Himalaya-Bergmassivs und sprengten riesige inner-irdische Wasservorkommen frei)

und die Liebe und rettende Hand ihres Gottes schon lange zurückgewiesen hatten, ja seine Boten und Propheten verlachten und verfolgten, Noah schaute auf Mich. Ich war sein Trost, seine Liebe, seine Hoffnung, ja sein Glück und wusste um Meine Vollmacht und Heiligkeit, und dass am Ende alles gut war.

Und nun schaut in die heutige Zeit!

Es gibt kein Jahrhundert in eurer Geschichte, in dem Ich nicht Meine Sendboten und Propheten zu euch geschickt habe, um euch zu ermahnen, umzukehren, d.h. euer nach außen gerichtetes gottloses Leben zu ändern und die innere Kehrtwendung zu Gott in eurem Herzen zu vollziehen und Mich als Gott und Herrn wahrzunehmen und in Meinem Dasein zur Kenntnis zu nehmen. Wer ist den inneren Weg der Herzenszuwendung in der Stille angetreten und hat den persönlichen Austausch zwischen Vater und Kind gesucht und gefunden? Wer hat Meine

Mahnung befolgt: "Suchet zuerst das Reich Gottes und alles andere wird euch dazugegeben werden." Wer befolgte Mein erstes Gebot: "Liebe Gott aus all deinen Kräften und mit deinem ganzen Wesen und deinen Nächsten wie dich selbst." Wer dies wahrhaftig ernsthaft im Gehorsam befolgte, der hat Mich gefunden und tauscht sich mit Mir aus, gleichgültig welcher Religion er angehört, welcher Kultur oder auf welchem Kontinent er lebt. Ich habe Mich immer finden lassen, und Ich werde Mich auch immer finden lassen.

Doch nun ist die Zeit Meiner großen Gnade und Geduld zu Ende, und Ich verschließe und versiegele die Herzen Meiner Kinder, damit sie an den Zuständen, die da kommen werden, nicht zerbrechen. Ich entrücke euch, Meine Kinder, (inwendig) und nehme euch aus der Welt, *obwohl ihr noch in der Welt seid* (leiblich) und versiegle eure Herzen, mache sie stark und uneinnehmbar, damit falsches Mitleid mit den Weltmenschen euch nicht aus eurer Herzensmitte reißt und von Meiner Seite, und euch die Drangsale der Welt nicht mehr in eurem tiefsten Inneren berühren, weil euer Blick auf Mich eure feste Führung und Schutzburg bedeutet, und Ich euch sicher an Meiner festen Hand hindurchführe und ihr erkennt: "Mein Vater macht nun alles wieder heil. Er sorgt für alle und alles und vergisst niemanden, und ich bin behütet und bewahrt unter Seinem Schutz."

So ruht sicher und geborgen in eurem Herzen an Meinem Herzen und lasst die Welt Welt sein und übergebt euer Lebensschiff ganz und gar in Meine treusorgende Hand. Ich schlafe nicht, und ihr müsst Mich nicht wecken, nur Mir vertrauen, dass das, was Ich nun all-überall auf dieser Welt zulasse, die große allgemeine Reinigung ist zum Heil aller Menschen und Geschöpfe. Denn siehe, Ich mache nun alles neu!

Erwartet keinen Tag und keine Stunde. Alles ist Entwicklung und Prozess. Doch bleibt bei Mir in euren Herzen, damit Mein Feind euch am Ende nicht doch noch Mir entreißt. Amen“

G.F., 679. Ich verschließe die Arche

Prophetische Worte vom „Ende der Welt“ und der „Entrückung“ richtig verstehen

Das Ende wird kommen, wenn niemand es erwartet

Der Herr: „Das Ende wird kommen, wenn niemand es erwartet.

(Anmerkung: weil man mit etwas anderem rechnet, d.h. währenddessen alle auf ein äußeres Ereignis warten, geht das Vorhergesagte längst vonstatten – also auch jetzt in dieser Sekunde - , wichtig: denn das Gotteswort von der Entrückung und von Himmel und Erde ist immer geistig zu nehmen, nicht buchstäblich!)

Es ist die Zeit, in der die Gott abgewandten Menschen im vollsten Lebensgenuss stehen, während die Gott-Getreuen in banger Not schweben und das Kommen des Herrn erwarten. Die ersteren aber wenden nicht einen Gedanken dem bevorstehenden Ende zu, sie leben ohne Skrupel in den Tag hinein, sie halten kein Maß in irdischen Genüssen, schwelgen und sündigen und stehen gänzlich unter dem Einfluss des Satans (diese Zeit ist jetzt!). Es wird eine Zeit sein, wo scheinbar eine Besserung der Lebensverhältnisse eingetreten ist, wo die irdische Not behoben ist für die Menschen, die sich dem Verlangen der Oberherrschaft fügen, wo nur die Menschen leiden müssen, die geächtet sind um des Glaubens willen.

(Anmerkung: die also von den weltgesinnten Vernünftlern missachtet, verachtet, verlacht und - auch behördlich – angegangen und verfolgt werden.)

Und mitten in diesen Freudentaumel kommt das Gericht.... überraschend auch für die Gottgetreuen, weil nichts vorher den Anschein hat, dass eine Änderung ihrer traurigen Lage eintritt."

(Wichtige Anmerkung: Unter „Gericht" ist nicht ein plötzlich auftretendes Naturereignis gemeint, denn solcher gibt es in dieser Zeit zahlreiche, welche alle durch eben das „Gericht im Menschen" hervorgerufen werden. Dieses „Gericht" aber ist der individuelle geistige Tod mit all seinen Folgen für Mensch und

Umwelt. Dies ist die „geistige Sündflut“ der Sinnentleertheit, welche nun – im 21. Jahrhundert – sich bereits über die ganze Erde ergossen hat.)

„Die Menschheit ist voller Sündenschuld,

(Anmerkung: „Sünde“ ist das Sich-Entfernen von der göttlichen Lebensgrundordnung.)

sie hat sich gänzlich von Gott gelöst und Seinem Gegner zugewandt (der Selbstsucht), sie hat dessen Anteil auf Erden empfangen, irdische Freuden im Übermaß, und das Sinnen und Trachten der Menschen wird immer schlechter und kommt auch in dem Handeln gegen die Lebendig-Gläubigen zum Ausdruck, die ohne Erbarmen drangsaliert werden und hilflos sind ihrer Macht und brutalen Gewalt gegenüber.

Sie leisten volle Arbeit für den Satan, und die Menschen sind reif für den Untergang.“

(Wohlgemerkt: Diese Kundgabe erging 1945

an uns. Inzwischen trotzen Dekadenz und Umweltzerstörung jedweder Beschreibung und das Gericht nimmt längst seinen angekündigten Verlauf, bis die Welt untergegangen sein wird... erst im Menschenherzen, d.h. in dessen Gesinnung und Liebe-Art, und dann folglich auch im Außen, welcher Untergang des Alten auch gleichzeitig der Aufgang des Neuen ist. In der Bedeutung ist die Welt aber nicht die äußere Erde, sondern sie ist immer nur das, was die Menschen auf dem Planeten Erde aus ihrem Dasein machen. Heute steht der Begriff „Welt“ oder „Weltmensch“ für das verkehrte, von Gott abgewandte Sein, mit dem Rücken stehend zur göttlichen Grundordnung des Lebens.)

Und folgende Worte sind ebenfalls prophetisch und somit nur in der geistigen Entsprechung richtig zu verstehen:

„Und so kommt das Ende, wie es verkündet ist in Wort und Schrift: Es wird ein Tag sein voller Entsetzen für die Menschen, die Erde wird sich spalten, Feuer wird hervorbrechen aus dem Innern der Erde, und alle Elemente werden in Aufruhr sein....

(Anmerkung: „Tag“ ist immer dann in einem Menschen, wenn der Geist der Liebe und Wahrheit waltet. Die „Erde“ ist sein Herz, das voll ist von falschen Begründungen und zerstörerischem Eifer, was offenbar wird durch das Licht der Wahrheit, und seine Liebe wird gespalten sein in Gutes und Böses, und alle die unguten Neigungen des Herzens, seine verborgenen Leidenschaften, argen Wünsche und

(Anmerkung: ...) Begierden aller Art und Gattung werden laut, pochen auf ihr vermeintes Recht und fordern ihren Tribut.)

Und die Menschen werden zu fliehen versuchen

(Anmerkung: in die verschiedensten Religionssysteme und Wissenschaften)

und in unbeschreibliche Panik geraten, doch wohin sie sich auch wenden, es ist überall dasselbe, sicherer Untergang!

(Anmerkung: D.h. Antwortlosigkeit und Sinnentleertheit)

Es ist das Ende (aller Verkehrtheit) gekommen für alle, die Gott-abgewandten Sinnes sind, und die Erlösung aus größter Not für die Seinen, die lebenden Leibes entrückt werden und so dem leiblichen Ende entgehen.

(Anmerkung: D.h. die den heiligen Gottesgeist

der Liebe und Wahrheit in sich aufnehmen, abrücken von materiellen Zielen und Begriffen und folglich keinen Tod mehr sehen und fühlen, weil ihre Seelen durch die Liebe und Wahrheit geistig lebendig geworden sind.)

Gott hat die Zeit angekündigt schon lange zuvor, doch geachtet wird Seiner Voraussagen nicht, und so werden die Menschen sich plötzlich in einer furchtbaren Lage sehen, woraus keine Rettung ist. Der Untergang der alten Erde (= der alten Begründung des Menschen) ist beschlossen seit Ewigkeit, wann er aber stattfindet, ist den Menschen verborgen, und so erleben sie ihn zu einer Zeit, wo sie sich sicher und als Herren der Welt glauben,

(Anmerkung: sich als „aufgeklärt“ betrachten. Das sind in der geistigen Entsprechung die „7 Jahre des Satans“ in der Offb.Joh.)

wo sie dem Leben an Genuss abzugewinnen

suchen, was nur möglich ist, wo sie gänzlich von der Welt gefangen sind und darum Gott ausschalten aus ihrem Denken.

Und so bringt Gott Sich in Erinnerung. Er zieht zur Rechenschaft, was sich versündigt an Ihm (an der Liebe und ewigen Lebensordnung), weil es Ihn nicht anerkennt. Er hält Gericht über alle Menschen und scheidet sie voneinander, indem Er die Seinen zu Sich (inwendig) empor holt in Sein Reich (des ewig freien Geistes) und die anderen wieder in Bann (der gerichteten Materie, was alles pures Verstandesdenken ist) schlägt, indem Er sie ihr leibliches Ende finden lässt in entsetzlicher Weise und ihre Seelen erneut gefangennimmt, d.h. den Willen des Geistigen bindet, so dass es in Unfreiheit des Willens wieder den Weg der Entwicklung zurücklegen muss in der neuen Schöpfung.

Es ist ein grausames Geschehen und doch ein Akt göttlicher Gerechtigkeit, denn die Sündhaftigkeit der Menschen hat ihren Höhepunkt erreicht. Sie stehen im Dienst des Satans,

(Anmerkung: der selbstsüchtigen Herrsch- und Eigenliebe)

und sind selbst pure Teufel geworden,

(Anmerkung: oder Dämonen, was dasselbe ist. Es bezeichnet den widergöttlichen Zustand einer Seele diesseits oder jenseits)

für die es nichts anderes geben kann als leibliche Vernichtung und geistige Gefangenschaft, auf dass die Gottgetreuen ihrer ledig werden und ein Leben in Frieden und Eintracht führen können auf der neuen Erde.

Und ob Gott auch verzieht und immer wieder Geduld hat, dieweil die Sündhaftigkeit zunimmt.... das Ende kommt unwiderruflich und zu einer Zeit, wo es nicht erwartet wird.

(Anmerkung: Das heißt nicht urplötzlich, sondern dem Außenschein nach unmerklich)

Denn auch die Gläubigen werden stutzen, weil alles Weltliche sich durchzusetzen scheint, weil die Macht derer steigt, die die Welt vertreten, und die Gläubigen macht- und rechtlos geworden sind durch jene.

Und so steht die Welt scheinbar fest und ist doch ihrem Untergang so nahe, bis der Tag gekommen ist,

(Anmerkung: kein Welt-Tag, sondern das helle, wahre Denken im Herzen des Menschen aus der Gottesliebe)

den Gott festgesetzt hat seit Ewigkeit, den niemand vorherbestimmen kann und der doch laut Gottes Plan die endgültige Auflösung dessen bringen wird, was auf der Erde ist.

(Anmerkung: An Falschheit und Verirrungen)

Gott allein weiß den Tag, die Menschen

sollen ihn stets erwarten (in sich!) und sich darauf vorbereiten, auf dass sie zu denen gehören, die Gott zuvor entrückt,

(Anmerkung: seelisch, hin zum Gottesgeist in sich selbst)

auf dass sie nicht zu jenen gehören, die verdammt werden am Tage des Gerichtes,

(Anmerkung: die sich selbst von der Wahrheit trennen durch ihren eigenen Hochmut und ihre Selbstsucht, und über die Begriffe von Raum- und Zeit und reinem Verstandeswissen hinaus keine Ahnung mehr haben vom ewigen Leben des Geistes, und die somit in der Finsternis der Geistesnacht stehen)

wie es verkündet ist in Wort und Schrift."

B.D., Nr. 3519 vom 22.08.1945, enthalten in Buch 45

Es folgt eine weitere prophetische Offenbarung aus dem 20. Jahrhundert, die wir nicht im

Buchstabensinne, sondern wie immer nur im geistigen Sinne richtig verstehen können... da das Leben, wie wir wissen müssen, Geist – und Geist das Innerste und zugleich Durchdringende alles Äußeren – ist, ohne welchen nichts bestünde. Somit ist der Geist das Schaffende, Belebende, Erhaltende, Reale, Wahre, Wirkliche und somit liegt nur im Geist allein die Wahrheit!

Gott Selbst ist dieser eine Geist wesenhaft. Er ist der einzige Daseinsgrund alles Existierenden, und Er ist Sich Seiner Selbst allerhöchst bewusst, Er ist vollkommen, immerzu schaffend, ordnend und leitend... und wir als Seine Ebenbilder sind ebenso Geister. Unser äußerer Leib ist nur ein Träger des geistigen Seelenlebens, ebenso die Erde und die ganze materielle Schöpfung, welcher eine geistige Schöpfung innerlich vorangestellt ist, die diese vollkommen durchdringt. Alle Seelensubstanz macht zu Vollendungszwecken den Gang durch die Materie durch und findet im Menschen den Schlusspunkt der materiellen und den Beginn der geistigen Schöpfung.

In diese geistige Schöpfung nun, welche auch inwendig ist im Menschen, muss die sich zunächst nur im Außen, rein materiell gründende und strebende Seele hin entrückt werden, welcher Vorgang dem fleischlichen Auge außenstehender Beobachter im Natürlichen völlig verborgen bleiben muss, weil es eben ein innerer, geistiger Vorgang ist, welchen nur das geöffnete geistige Auge wahrnehmen kann. Zu dieser Entrückung verhilft der Seele der in sie hineingelegte, eingekapselte Gottesgeist, Der von ihr zur Tätigkeit erweckt werden muss, was Teil der Gnade ist. Wie dieser Vorgang zu geschehen hat, das ist Sinn der Lehre Christi. Ist der Geist in der Seele noch untätig, gilt der Mensch als tot, weil er noch keine Wahrheit, somit keine Liebe und somit kein ewiges Geistwirken der Kraft in sich hat.

Materielle und geistige Begriffe sind voneinander verschieden, ebenso unterschiedlich daher auch der Ausdruck und ihre Sprachen: Die Materielle ist eine Sprache äußerer, zeitlicher und räumlicher Begriffe, die Geistige eine Sprache innerer, freier, nicht in Formen und Maße gefasster Seelenzustände. Der Geist - also Gott und die geistige Welt - können mit uns Außenmenschen, die wir bloß räumlich und zeitlich endliche Begriffe mit dem Gehirn verarbeiten können, nur in einer Entsprechungssprache verkehren, weil jeder äußere Begriff einem inneren Zustand des Seelenlebens auf ein Haar genau entspricht, denn nur dadurch können wir die Außenwelt in uns erst wahrnehmen. Kurzes Beispiel: Das Sonnenlicht Licht beleuchtet die Außenformen... entsprechend: Die Wahrheit lässt uns die innere Beschaffenheit der Dinge erkennen.

Prophetische Worte sind daher immer in Entsprechungen gegeben und so auch zu verstehen.

Dies können wir wieder an der folgenden Kundgabe ersehen:

So wird es kommen / Entrückung....

JESUS: „Eine kleine Schar nur

(Anmerkung: die Gott wahrhaft lieben)

wird am Ende der Erde Mich in aller Herrlichkeit sehen können,

(Anmerkung: mit geistigem Auge, das durch die Liebe geöffnet ist)

und diese ist es, die entrückt wird vor den Augen ihrer Mitmenschen,

(Anmerkung: was die Mitmenschen aber äußerlich nicht mitbekommen, weil die Liebe zu Gott die wahre Entrückung ist, welche die Seele in ihr Innerstes zieht, ganz hin zum Geist, hin zu Gott)

die dem leiblichen und geistigen Tode preisgegeben sind.

(Anmerkung: Jeder ist dem leiblichen Tod preisgegeben, und dem geistigen Tod solange, wie man ohne wahre Gottesliebe ist)

Denn sowie jene die Erde verlassen haben, fällt diese der Vernichtung anheim...

(Anmerkung: nicht körperlich werden verlassen haben, sondern innerlich, der Liebe nach, weil ein äußeres, vergängliches Scheinleben im Gericht der Materie von einem einmal geweckten Geist nicht angestrebt wird, denn dieser zieht die Seele zu Sich hin. Alles, auch das nun Folgende, bezieht sich auf die „übernatürliche Erde“ was Seelenzustände sind, nicht auf die äußere Erde. Denn auf die Seele bezogen - und darauf muss sich jedes prophetische Wort beziehen, weil die Wahrheit im Geist ist - ist eine „Erde“ die ganz persönliche, individuelle Seele des Menschen. Auch die Schöpfungsgeschichte in der Genesis bezieht sich nur auf die Erschaffung einer Menschenseele als Erde, nicht auf einen Globus. Der Geist in der Seele stellt den „Himmel“ dar, das ist das Göttliche in ihr. Von dort erhält sie die Lebenswärme - das ist die Liebe - und das Lebenslicht - das ist die Wahrheit. Es ist das Zentrum der Gottheit, dargestellt als die Sonne. Durch diese erst beginnt die Erde vielfältiges Leben zu entwickeln, bzw. auch nicht, wenn ihr beides mangelt. Der erste Fall ist die Entrückung des Menschen in den Himmel, weil er Liebe und Wahrheit in sich walten lässt, der zweite Fall wird im Folgenden bebildert)

d.h. alles, was in, auf und über ihr lebt, wird

von den Flammen aufgezehrt werden, die aus der Erde hervorbrechen und kein Schöpfungswerk auslassen.

(Anmerkung: Die aus der Erde hervorbrechenden Flammen sind die alles Göttlich-Gute und Göttlich-Wahre in der Seele verzehrende Selbstsucht und herrschsüchtige Eigenliebe)

Doch die Meinen werden nicht von diesem Vernichtungswerk betroffen werden, denn Ich hole sie zuvor schon hinweg, und der Anblick ihrer plötzlichen Entrückung wird die Menschen in Entsetzen stürzen, denn die Meinen entschwinden vor ihren Augen zur Höhe.

Doch Mich Selbst können nur die Meinen sehen, wenn Ich kommen werde in aller Pracht und Herrlichkeit. Den anderen bleibe Ich unsichtbar, weil nimmermehr Mich in Herrlichkeit schauen wird, der Meinem Gegner verfallen ist.

(Anmerkung: Die „Höhe“ das ist die Erkenntnis Gottes, als des Lebenswahren, und die tätige Liebe, als des Lebensguten. Aus diesen beiden befinden sie sich in der Kraft und Macht des Heiligen Geistes, als dem mächtigen Feuer des ewigen Wirkens von Wahrheit und Liebe, von Licht und Wärme... sichtbar als die Sonne am Gemütshimmel des Menschen. Dem Gegner ist ein jeder verfallen, der weltliche Ziele verfolgt und materielle Interessen hat, der gleichgültig, ablehnend oder kämpferisch ist gegenüber tiefster Lebenswahrheiten und der selbstlos dienenden Liebe)

Doch ehe sie zur Besinnung kommen ob der übernatürlichen

(Anmerkung: d.h. nicht äußerlich materieller, sondern innerlicher)

Erscheinung einer Entrückung, ist schon ihr Ende gekommen.... die Erde wird sich öffnen und alle verschlingen, die Mir abtrünnig sind und bleiben bis zum Ende.

(Anmerkung: „Die Erde wird sich öffnen“ heißt, in die gänzliche Unkenntnis Gottes und aller Lebenswahrheit zu verfallen. „Bis zum Ende“ heißt, bis zur freiwilligen Umkehr, denn es gibt keine Zeitbegriffe für eine Seele, weil sie ein Geist und damit ewig ist)

Es ist der Vorgang der Entrückung nicht fassbar für die Menschen dieser Erde (dem puren Weltverstand), denn es spielt sich etwas völlig Ungesetzliches ab, etwas Widernatürliches (weil Geistiges), das unglaubhaft bleibt allen, die nicht an Mich glauben und um Meinen Heilsplan von Ewigkeit wissen. Und dennoch kommt es, wie Ich es euch ankündige.... noch im Leib lebende Menschen versetze Ich an einen Ort des Friedens im Augenblick,

(Anmerkung: in einen inneren, seelischen Zustand des Friedens! Der Leib bleibt natürlich wo er ist)

sie selbst aber werden bewusst diesen Vorgang erleben und des Jubels und Lobes für Mich voll sein. Denn sie haben die Treueprobe bestanden, sie sollen nun den Lohn empfangen für ihre Liebe zu Mir und den Glauben an Mich, und Ich öffne ihnen das Paradies (dazu im Folgebeitrag mehr).... Eine neue Erlösungsperiode beginnt, und die Meinen werden der Stamm sein des neuen Geschlechtes auf der neuen Erde....

Nur der Glaube kann solches fassen, der Verstand aber wehrt sich dagegen und zweifelt, bis der Tag (im Menschen) gekommen ist."

(Anmerkung: Die Sonne macht den Tag, d.h. nur allein Gott, der Geist, kann den Menschen im Herzen erhellen, niemals der Verstand)

B.D., Nr. 5607 vom 20.02.1953, enthalten in Buch 61

Um dieses wichtige Thema vom Grunde aus

zu verstehen, gibt uns im Folgenden der Herr Selbst eine weitere Aufklärung über die Verhältnisse des äußeren und inneren Lebens:

Das Wesen Satans und das verlorene Paradies

JESUS: »Sieh, was der endlose Raum als eine Materie in sich fasst, das ist gerichtet und dadurch gefestet durch die Macht des Willens Gottes! Wenn es nicht so wäre, da befände sich keine Sonne, kein Mond, keine Erde und gar keine Kreatur im ganzen endlosesten Raum; nur Gott allein bestünde in der Anschauung Seiner großen Gedanken und Ideen.

Gott aber hat schon von Ewigkeit her Seine Gedanken wie gleichsam aus Sich hinausgestellt und sie verkörpert durch Seinen allmächtigen Willen. Diese verkörperten Gedanken und Ideen

Gottes aber sind dennoch keine so ganz eigentlichen Körper, sondern sie sind gerichtetes Geistiges und Gefäße zur Ausreifung für ein selbständiges Sein. Es sind das sonach Geschöpfe, bestimmt, wie aus sich und aus eigener Kraft neben Mir, dem ihnen sichtbaren Schöpfer, für ewig fortzubestehen.

Alle Kreatur als ein gerichtetes Geistiges ist gegen das schon Rein- und Freigeistige noch unrein, unreif, daher noch nicht gut, und kann dem rein geistig Guten gegenüber als an und für sich noch schlecht und böse angesehen werden.

Verstehe sonach unter "Satan" im allgemeinen die ganze materielle Schöpfung und unter "Teufel" das getrennte Spezielle derselben.

Wenn ein Mensch auf dieser Welt nach dem erkannten Willen Gottes lebt, so erhebt er sich dadurch aus der geschöpflichen Gefangenheit und geht in die ungeschöpfliche Freiheit Gottes über.

Ein Mensch aber, der an einen Gott nicht glauben und darum auch nicht handeln will nach dessen den Menschen geoffenbarten Willen, versenkt sich dann stets mehr und mehr und tiefer und tiefer in das geschaffene Materielle und wird geistig unrein, schlecht und gerichtet böse und somit ein Teufel; denn alles pur Geschaffene und Gerichtete ist, wie schon gezeigt, dem ungeschaffenen Rein- und Freigeistigen gegenüber unrein, schlecht und böse, nicht aber etwa darum, als hätte Gott aus Sich je etwas Unreines, Schlechtes und Böses erschaffen können, sondern nur in und für sich darum, weil es erstens des Daseins wegen notwendig ein Geschaffenes sein muss, begabt mit Intelligenz und Tatkraft und im Menschen auch mit freiem Willen, und zweitens, weil es in sich das geschaffen Gegebene, um zur möglichen Selbständigkeit zu gelangen, selbsttätig zu verwenden und wie in sein Eigentümliches zu verkehren hat.

Vor Gott aber gibt es nichts Unreines, nichts Schlechtes und nichts Böses; denn Dem Reinen ist alles rein, und alles ist gut, was Gott geschaffen hat, und Gott gegenüber gibt es denn auch keinen Satan, keinen Teufel und somit auch keine Hölle. Nur das Geschaffene in und für sich ist alles das so lange, als es ein Geschaffenes und Gerichtetes zu verbleiben hat und endlich im Besitze des freien Willens, ob gut oder böse, verbleiben will.

Wenn es denn in der Schrift heißt, dass Satan in der Gestalt einer Schlange das erste Menschenpaar verführt habe, so will das soviel sagen als: Das erste Menschenpaar, das Gott und Seinen Willen wohl kannte, hatte sich von der Anmut der materiellen Welt bestechen lassen, und ihres gerichteten Fleisches Begehren und Stimme sagte: "Wir wollen sehen, was daraus wird, so wir einmal dem wohl-erkannten Willen

Gottes zuwiderhandeln! Denn Gott Selbst hat uns das Handeln freigestellt; wir können dadurch an unserer Erkenntnis ja nichts verlieren, sondern nur gewinnen. Denn Gott weiß es sicher, was uns durch ein freies Handeln werden kann, wir aber wissen es nicht; darum handeln wir einmal nur nach unserem Sinn, und wir werden dann durch die Erfahrung auch das wissen, was nun Gott allein weiß!"

Und siehe, so aßen die beiden von dem verbotenen Baum der Erkenntnis auf dem Wege der selbst machen wollenden Erfahrung und versanken dadurch um einen Grad tiefer in ihr gerichtetes Materielles, das dem freien Geistleben gegenüber auch "der Tod" genannt werden kann.

Sie erkannten darauf wohl, dass in ihrem Fleisch das Mussgericht und der Tod daheim ist, der bei der steigenden Weltliebe auch die freie Seele in sein Gericht und in seine Unfreiheit begraben kann, und so verloren sie denn auch *das reine Paradies, das in der vollen Einung der Seele mit ihrem Geiste bestand*, und mochten aus sich heraus dasselbe wohl nicht völlig wiederfinden; denn ihre Seele war vom Stachel der Materie verletzt worden und hatte dann viel zu tun, um sich noch so frei als möglich über dem Gericht des geschaffenen Muss zu erhalten, wie das nun *bei allen Menschen* der Fall ist, - und Ich bin darum in diese Welt gekommen, um den Menschen wieder den wahren Lebensweg zu zeigen und das verlorene Paradies durch Meine Lehre wiederzugeben.

Also ist es auch bei Hiob der Fall. Hiob war ein irdisch äußerst glücklicher Mann und hatte viele Güter. Er war aber auch ein weiser und Gott sehr ergebener Mensch, der streng nach dem Gesetze lebte. Sein außerordentlicher Wohlstand machte aber dennoch sein Fleisch mehr und mehr begierlich und machte große Anforderungen an den Geist in ihm.

Der gerichtete Geist des Fleisches sagte gewisser Art zur Seele: "Ich will denn doch sehen, ob ich dich durch alle meine irdischen Freuden und Leiden von deinem Gott nicht abziehen, dich in deiner Geduld nicht ermüden und nicht in mein Mussgericht setzen kann!"

(Anmerkung: Solches geschieht in der heutigen Welt-Wohlstandsgesellschaft pausenlos, siehe z.B. die Werbe-Industrie, die nur auf die Lust und den Genuss des Fleisches hin arbeitet)

Da kostete es Hiob einen mächtigen Kampf; denn einerseits standen ihm alle irdischen Freuden zu Gebote, die er zwar genoss, aber dieselben übten über seine Seele dennoch keine Herrschaft aus, und sie blieb mit dem Geiste verbunden.

Da aber der arge Geist der Materie mit der

Seele auf diese Art nichts ausrichtete, so ward die Seele Hiobs durch allerlei körperliche Unannehmlichkeiten versucht, die bildlich im Buch dargestellt sind. Aber Hiob bestand sie alle mit Geduld, obschon er hie und da murrte und über seine Not klagte, aber am Ende dennoch allzeit offen bekannte, dass ihm Gott zuvor alles gegeben, nun weggenommen und ihm wiedergeben könne, und das noch mehr, als Er ihm genommen hatte wegen der Vollstärkung der Seele im Geiste.

Wenn aber so, wer war dann der Satan, der den frommen Hiob so sehr versuchte? Es was der gerichtete Geist seines Fleisches, das heißt dessen verschiedenartige Begierlichkeiten!

Aber einen gewissen persönlichen Ur-Satan und persönliche Ur-Teufel hat es in der Wirklichkeit niemals woanders gegeben als nur in der gerichteten Weltmaterie aller Art und Gattung. Dass aber der Satan und die Teufel von den alten

Weisen unter allerlei Schreckensbildern dargestellt wurden, hat den Grund darin, damit die Seele unter allerlei argen Formen sich einen Begriff bilde, welch eine Not ein freies Leben zu erleiden hat, so es sich wieder von dem Gerichte der Materie gefangen-nehmen lässt«

J.L., Das Große Evangelium Johannes - Band 8 / 34. Kapitel

Die Entrückung der Jesus-Gläubigen bei der Wiederkunft Christi

Vom Irrtum des Paulus und dem rechten Verständnis der Schrifttexte

Der Herr: "Als Ich von Kaiphas durch die

Beschwörungssprache aufgefordert wurde, bekannt zu geben, ob Ich Christus, der Sohn Gottes bin, antwortete Ich ihm: du sagst es (Ich bin es). Doch sage Ich euch: Von nun an wird es geschehen, dass ihr sehen werdet den Menschensohn zur Rechten der Kraft Gottes sitzen (oder durch die Kraft Gottes als Richter der Welt sitzen) und kommen in den Wolken des Himmels (Matth. 26, 63-64).

Wenn ihr diese Worte genau mit den geschichtlichen Weltereignissen, die durch Meine Vorhersagung geschahen und auch jetzt durch die nun so ungewöhnlich sich mehrenden Natur-, Elementar- und politischen Weltereignisse geschehen, und dass Ich auch durch die hiesigen Worte Selbst - aber wie durch Wolken verhüllt - zu euch spreche, genau betrachtet, so muss ja euch das Licht und die Einsicht aufgehen, dass die vor Kaiphas von Mir geweissagte Wiederkunft als Weltrichter und in Wolken jetzt vor euch in Erfüllung geht! - Ich will euch durch kleinere Erörterungen das genau beleuchten, damit ihr seht, wie hoch es gegenwärtig auf der Weltenuhr steht. -

(Anmerkung: Dieses Wort ist aus dem Jahre 1905, HH)

Joh. 10, 16 erzählt euch, dass einst eine Herde und ein Hirte sein wird. Dieses wird aber so lange nicht, so lange die Menschen in viele Kirchen und Sekten getrennt werden; denn jede dieser Sekten nennt sich selbst rechtgläubig, andere aber ketzerisch und will von keiner Vereinigung etwas wissen. Es gibt so viele Herden als Hirten, aber keinen Hirten der Liebe, Demut, Versöhnung, Duldung und Eintracht an der Spitze. Man nennt Mich zwar den Oberhirten, aber die Herden und Hirten tragen nicht die *Kennzeichen* des Oberhirten, daher ist diese Weissagung von dem sichtbaren Inkrafttreten des tausendjährigen Reiches Meiner Liebe, Demut, Geduld, Versöhnung, Eintracht und Erfüllung aller Gebote und Meiner Tugenden als Menschensohn nicht erfüllt, sondern sie wird erst erfüllt werden müssen.

Eine große Täuschung Pauls. Er schreibt:

> Thess. 4, 13-17: „In Hinsicht der Entschlafenen wollen wir euch, liebe Brüder nicht ohne Aufklärung lassen, auf dass ihr traurig seid, wie die anderen, die keine Hoffnung haben. Den so wir glauben, dass Jesus gestorben und auferstanden ist, also wird Gott auch, die In Jesu (Lehre und Lebenswandel) Entschlafenen, mit Ihm führen (zur Auferstehung im geistigen Lichte des Lebens in Gott.) Denn das sagen wir euch, als ein Wort des Herrn, dass wir, die wir leben und übrig bleiben auf die Zukunft des Herrn, werden denen nichts vorhaben, die schon gestorben sind. - Denn Er Selbst, der Herr, wird mit

einem Feldgeschrei und Stimme des Erzengels und mit der Posaune Gottes hernieder kommen vom Himmel, und die Toten in Christo werden auferstehen zuerst. - Danach wir, die wir leben und übrig bleiben (oder überleben die Wartezeit), werden zugleich mit denselben (vom Tode Auferstandenen) hingerückt werden in den Wolken, dem Herrn entgegen in der Luft, und werden also beim Herrn sein allezeit."

Meine lieben Kinder! Ihr seht, mit welcher Bestimmtheit Paulus von sich selbst und seinen Mitbrüdern spricht, dass er und sie Meine Wiederkunft erleben, und in die Wolken hingerückt – Mir entgegen in die Luft zueilen werden. Ich frage euch: Hat das stattgefunden, obwohl er sagte, dass er das als ein Wort von Mir hatte!? Nein! Es ist alles eine große Täuschung, weil ein Missverständnis Meiner vor Kaiphas gesprochenen Worte, und daraus erseht ihr, dass ihr hierüber ganz falsch belehrt seid und daher auch alle anderen Stellen, wo er von der Entrückung usw. spricht, ein religiöser Irrtum sind; denn es ist das von Paul für sich und seine Glaubensgenossen versprochene und erwartete bis heute nicht in Erfüllung gegangen, obwohl schon über 1800 Jahre von damals bis heute (1905) verflossen sind.

I. Kor. 15, 51-52: Ebenso falsch, wie die besprochenen Stellen, sind auch diese: Paul schreibt an die Korinther:

> „Siehe, ich sage euch ein Geheimnis: Wir werden nicht alle entschlafen (oder sterben), wir werden aber alle verwandelt werden; und dasselbe plötzlich, in einem Augenblick, zur Zeit der letzten Posaune. Denn es wird die Posaune schallen, und die Toten werden auferstehen unverweslich, und wir werden verwandelt werden.“

Seht! Wie Ich früher sagte, so lautet auch

hier: dass, bevor er (Paulus) und seine damaligen Glaubensgenossen sterben, - Ich wiederkommen werde. Und das ist nicht in Erfüllung gegangen. Paulus starb im Jahre 65 in Rom und seine Glaubensgenossen auch schon vor 1800 Jahren, und daher ist auch keine Verwandlung nach seiner Ansicht und Lehre geschehen. *Darum glaubt doch Mir, Jesus Christus, was Ich euch sage und lehre*, denn ihr seht, dass Paulus sich oft geirrt hat. -

Joh. 14, 2-3. Beim letzten Abendmahle sagte Ich:

> „In Meines Vaters Hause sind viele Wohnungen.“

Wenn dem nicht so wäre, so würde Ich euch nicht gesagt haben:

> „Ich gehe hin, um euch einen Platz zu bereiten.“

Und wenn Ich hingehe und euch einen Platz bereite, will Ich wiederkommen, und euch zu Mir nehmen, damit auch ihr da seid, wo Ich bin.

(Anmerkung: Dies ist dann die Entrückung in der Wahrheit des Geistes. Es ist ein seelisches Ereignis im Menschen, welches ihn in Gott verliebt und aus Gott wissend werden lässt.)

Diese zwei Verse bedeuten:

dass Ich wiederkommen werde *in Liebe Meines Geistes* und werde die Apostel und die Geistesreifen durch die Feuertaufe des Heiligen Geistes in die Wohnungen Meines Geistes der Liebe, Weisheit und Allmacht nehmen, wodurch sie in Mir und bei Mir sein werden und das Apostelamt begleiten und einen geistigen Lebenswandel nach Meinem Liebeswillen führen und somit dort sein, wo Ich bin, denn Ich bin in der Liebe Meiner vollreifen, mit der Wiedergeburt des Heiligen Geistes erfüllten

Kinder, da Ich *nur im Herzen Meiner Kinder wohne*. Diese sind Mein lebendiger Tempel und Meine wahren Opferpriester, wenn sie nach Meinen Geboten und Lehren wandeln.

Lest daher noch einmal die Verse 2-3 im vierzehnten Kapitel Johannes! Denkt nach, ob es wahrlich geschehen ist, was Ich den Jüngern versprach oder nicht! - Wollt ihr Meine göttlichen Worte von Mir, Jesus, herkommend glauben, dass nicht Ich, Jesus, es bin, der Ich euch hier aus der vor Kaiphas gesprochenen Wolke die Wahrheit spreche, dann sind Meine beim letzten Abendmahl gesprochenen Worte Lüge, denn sie gingen nur so und nicht anders in Erfüllung: Ich versprach, hielt das Wort und kam zu Pfingsten mit der Kraft vom Himmel (d.h. im Geist) herab und nahm (d.h. entrückte) Meine Lieben in Meine Wohnung der Feuertaufe des Heiligen Geistes. Ich sagte ihnen: Ich werde euch nicht waisen lassen, Ich komme Selber als

Geist der Wahrheit zu euch und Ich kam. - Der Geist der Wahrheit ist niemand sonst wie Ich, Jesus Selber, und die Wahrheit ist im Wort. Also bin Ich, die ewige Wahrheit Selbst im Wort, und im Wort komme Ich auch nun wieder zu allen, die eines guten Willens sind, die meine Stimme vernehmen und Mich aufnehmen in ihr Herz.

Aus diesen Aufklärungen erseht ihr, dass euer bisheriges Aufklären der Bibel auf Irrtümern gebaut ist. Lasset daher Mir, eurem Oberhirten Jesus die Bibel euch aufklären, dann werdet ihr nicht in der Finsternis wandeln.

Nun gehen wir zum Propheten Joel. Er schreibt im Kapitel 3 nach Meinen Worten:

> 1 „Und nach diesem will Ich Meinen Geist ausgießen über alles Fleisch, und eure Söhne und Töchter sollen weissagen eure Ältesten sollen Träume haben, und eure Jünglinge sollen Gesichte haben.“

Dieses ist gerade in jetziger Zeit in Erfüllung gehend.

> 2 „Auch will Ich zur selben Zeit beides, über Knechte und Mägde, Meinen Geist ausgießen.“

Diese sind heutzutage „Gottesschreibmedien“ genannt, die Meine Diktate in christlich-theosophischen Büchern veröffentlichen.

> 3 „Und Ich will Wunderzeichen geben im Himmel und auf Erden, Blut, Feuer und Rauchdampf.“

Wunderzeichen sind seltene Erscheinungen: als Frömmigkeit im Herzenshimmel Meiner Kinder, wo Ich, Jesus, wohne, weil diese ein Wunder der Dummheit für Gott leugnende Materialisten sind, während die Materialisten mit dem Namen Erde oder Satan geistig bezeichnet, ein Wunder der geistigen Finsternis sind. - Blut am Himmel ist die Liebe zu Gott und den

Menschen in liebenden Herzen. Blut auf der Erde ist Menschenunterdrückung und Ausbeutung. - Feuer am Himmel ist Liebesfeuereifer für das Geistige, Göttliche Meiner Kinder, das Feuer auf Erden ist Feuereifer für allerlei selbstsüchtige Zwecke, Mammonsdienst und seine schwarzen Pläne und Anstiftungen. Und Rauchdampf am Himmel sind liebende, demütige und heißfühlende Gebete zu Mir im Herzen (als Himmel) Meiner Kinder für die Errettung der Welt aus den Satanskrallen, in welchen sie jetzt vollständig steckt; und Rauchdampf auf Erden sind die Schmerzensseufzer Meiner unterdrückten Kinder, welche die Melkkuh der Welt bilden.

> 4 „Die Sonne wird sich in Finsternis und der Mond in Blut verwandeln, ehe denn der große und schreckliche Tag des Herrn kommt."

Dieser Vers, materiell nach den toten Buchstaben ausgedeutet, ist für vernünftig denkende Menschen ein Unsinn, anders geistig erklärt, und so hört: Die beiden oben erklärten Rauchdämpfe rufen zur Mir um Mitleid und Erbarmung, um die Änderung der Weltzustände, denn die Sonne, als die Liebe zu Gott bedeutend, hat sich verfinstert in dem größten Teile der Menschheit und ist wie ausgestorben; und der Mond, als die Liebe zum Nächsten, hat sich in Blut, dass heißt in blutige Menschenunterdrückung und Ausbeutung verkehrt. Seht, so lautet dieses Kapitel von Mir, Der es schreiben ließ, ausgedeutet. *Es ist schon alles in Erfüllung gegangen, auf was ihr noch wartet* und meint: Es ist noch Zeit, denn die Zeichen am Himmel und auf Erden sind noch nicht da! -

Offenbarung 20, Kapitel. Wir ihr aus den letzten Kapiteln 21 und 22 der Offenbarung erseht, so wird, nachdem die Erde durch große Natur-, Elementar- und Welt-Ereignisse von allem Höllischen gereinigt, und alles, was nicht für die in himmlische Zustände verwandelten Menschen (als neue Erde und neuer Himmel) taugen wird, von der Welt weggerafft werden, denn das Herabsteigen des Neuen Jerusalems und Verwandlung der Welt in paradiesische oder himmlische Zustände, ist am Schluss Meiner einst dem Johannes gegebenen Offenbarung angeführt, nachdem die bösen Menschen durch den Tod weggeschafft wurden, was bereits kleinweise schon in Erfüllung gegangen ist, und jedermann es sieht, der Meine Zuchtrute, die Ich über die böse Welt schwinge, mit geistigen Sinnen betrachtet.

Bevor aber der Anbruch dieser himmlischen Zustände auf der ganzen Welt stattfindet, wird der Satan vor der Umwandlung der Erde in himmlische Zustände, auf *7 Jahre* losgelassen, um mit Hilfe der Heiden die Kinder Gottes zu verführen.

(Wichtige Anmerkung: Zahlen im prophetischen Wort bezeichnen Zustände, nicht Mengen. Wenn Satan auf 7 Jahre losgelassen wird, dann heißt das: Der Verstand der Menschen wird herrschen ohne Gott und in den Wissenschaften die Wahrheit suchen und die Wissenschaft wird ihr Gott sein!)

Denkt nach, dass, sobald das tausendjährige Reich beginnt, die Erde in himmlische Zustände verwandelt wird, wie könnte dann erst tausend Jahre später, wo alles in ein Neues Jerusalem verwandelt wird, was sich bis zur zweiten Wiedergeburt durchgerungen hat, noch Heiden auf der Welt geben!? Das ist doch die reinste Unmöglichkeit, weil der größte Widerspruch, denkt nach: Neues Jerusalem und die Heiden als Bewohner drin!?

Nein! Es ist ein Missverständnis - Erst dann, nachdem der Satan auf sieben (geistige) Jahre losgelassen wird, was gerade in jetziger Zeit des großen Antichristentums als Wüten des Satans schon besteht, fängt an das tausendjährige Reich, so steht es nach dem 20. Kapitel der Offenbarung zu lehren und nicht umgekehrt. Nach den Kapiteln 21 und 22 gibt es keine Änderung auf der Erde mehr, außer, dass die Menschen von Jahrtausend zu Jahrtausend immer geistiger leben werden.

Matthäus 24, 21-51 erzählt euch auch von den großen Trübsalen, die bei Meiner Wiederkunft stattfinden werden. Lest sie und ihr werdet finden, wenn ihr nachdenkt, wie ihr gegen Meine 10 Gebote handelt, und wir ihr handeln müsstet, dass gerade jetzt die Trübsalszeit, die Zeit des Antichristentums und des Wütens des Satans ist, der euch verführen will durch allerlei widerchristliche Schriften, und dass ihr immer weniger und falscher die Bibel versteht, daher der Verfall des Christentums.

Man wartet auf das öffentliche Auftreten des

Antichristen und versteht nicht, dass jeder Mensch ein Glied des Antichristen ist, der in allen Klassen der Menschheit lebt und viel millionenköpfig stark ist, weil ein jeder Mensch, der nicht nach Meinen Geboten und Lehren lebt und handelt, ein Widerchrist ist, da er wider Meinen Willen lebt und handelt und das heißt griechisch Antichrist.

Die Wolken, in denen Ich bei Meiner Wiederkunft kommen sollte, sind die christlich-theosophischen Bücher, denn in diesen hört man Mein direktes Christuswort, allein, es verhüllen Mich die Wolken, aus denen Ich spreche, nämlich die Werkzeuge, durch die Ich zu euch als Meinen Kindern spreche. Ihr hört in Büchern Meine Stimme, aber Mich seht ihr nicht. Die Wolken des Himmels sind daher zuerst Meine Schreiber, aus denen Ich sprechend diktiere, dann sind es aber auch die christlich-theosophischen Bücher, denn auch in diesen spreche Ich dasselbe, wie zuvor durch die Schreibmedien, ohne dass man Mich sieht.

Wohl werden Mich einst alle sehen, aber das werden nur diejenigen sein, welche nach der Sichtung der Bösen übrig bleiben werden, wie auch nach der Auferstehung nur diejenigen Mich (Jesum) sahen, welche Mich liebten und wann Ich ihnen die geistigen Augen öffnete. Von den bösen, mir feindlichen Pharisäern und Juden hat Mich keiner gesehen. Also wird es auch jetzt werden. Deutet und klügelt euch daher keine Widersprüche aus der Bibel, denn die Bibel kann nur Ich, Der sie schreiben ließ, richtig erklären.

Zurückkommend auf das Kapitel 20, Verse 4–7 will Ich euch die Tatsache beleuchten: Wenn die Unglücksereignisse anfangen, entscheidend einzugreifen, so muss doch ein jeder vernünftige Mensch einsehen, dass Ich, als der all-liebende Vater, doch nicht die Menschen erbarmungslos preisgeben kann, ohne sie zu belehren, um was es sich handelt. Wenn Ich die Menschen ohne Belehrung mit vernichtenden Ereignissen heimsuchen würde, so wäre Ich nicht die ewige Liebe und Barmherzigkeit, sondern ein rasender Rachegott, ein liebloser Vertilger Meiner Kinder.

Zur Belehrung des Volkes in diesen schrecklichen Zeiten brauche Ich solche Menschen, die nach Meinen Geboten leben und mit denen Ich daher verkehren kann, denn die Menschen müssen doch wissen, warum das, warum sie mit dem Tod bestraft werden. Daher werde Ich, wie es im zwanzigsten Kapitel der Offenbarung heißt, diejenigen, welche sich im Blute des Lammes (Offenbarung 7), das heißt in der Liebe zu Gott und den Menschen ihre Tugenden (als Seelenkleider) weiß und rein gewaschen haben, mit der Feuertaufe des Heiligen Geistes taufen, und das wird die erste Auferstehung aus der Sünde, da sie dadurch sündenrein vor Mir, dem „Ewigen Leben“ wandeln werden.

Diese Erstlinge der Auferstehung zum Leben werden dann öffentlich Meine Wiederkunft predigen und die Menschen zur Buße und zur wahren Religion, die sie als Theosophen oder direkt aus Gott gelehrte, predigen werden, ermahnen, um zu retten, was sich retten lassen will. Diese, aus der ersten Auferstehung und diejenigen, welche Meine christliche theosophische Religion annehmen und danach leben und handeln werden, werden gerettet und als Pflanzlinge des tausendjährigen Reiches Meines Geistes der Liebe auf der in ein Paradies verwandelten Erde bleiben und wohnen, alle anderen, die in ihrem Trotz und in der Unbußfertigkeit verbleiben, werden aber von der Erde weggerafft werden. Daraus erseht ihr, dass die Angaben Paulus bloß seine falschen Einbildungen und daher nicht aus Mir waren, weil er statt Mich zu fragen, seine eigenen Ansichten, die er aus Meiner Weissagung vor Kaiphas bildete, niederschrieb, und darum sind sie auch nicht in Erfüllung gegangen!

- Darum träumt ja nicht mehr von einer Entrückung der Kirche, das heißt der Kirchengläubigen! - Denn es ist ein großer Irrtum, weil eine Phantasie des Paulus und weiter nichts! -

Eure Bibeloffenbarungs-Ausdeutungen lauten ganz anders als Meine! Ich bin ein Geist und als Geist spreche Ich nicht wie ein Mensch, sondern geistig und darum versteht Ihr Mich nicht mehr, weil die Welt ganz materiell zu leben angefangen hat. Begnügt euch einstweilen mit diesem, denn der Schreckenstag nach Joel 3-4 hat bereits seinen Anfang genommen." (vor über 100 Jahren, *HH*)

Gegeben durch den Herrn und empfangen von Franz Schumi um 1905

Aufklärung über das Kommen des Herrn und die Entrückung

Es folgt wieder eine Offenbarung über geistige Geschehnisse, die wir, wie im Kapitel „Prophetische Worte vom Ende der Welt und der Entrückung richtig verstehen“ ausführlich erklärt ist, nicht dem materiellen Buchstabensinne nach, sondern geistig verstehen müssen:

JESUS: „Ich will euch eine große geistige Aufklärung geben, die eurer Seele zum Heil gereichen soll: Ich will euch ein Gebiet erschließen, das ihr niemals ohne Meines Geistes Wirken betreten könntet...

(Anmerkung: wann nur wirkt der Göttliche Geist?... Wenn der Mensch in der echten Gottesliebe steht und aus dieser die Wahrheit schöpft...)

...denn Ich will euch in eine Welt einführen, in die *nur der geistig geweckte Mensch* Einblick nehmen kann, weil schon eine gewisse Kenntnis Voraussetzung ist um Dinge, die dem Menschen sonst völlig unbekannt sind.

Ich habe euch verheißen, zur Erde wiederzukommen, wenn der Tag des Endes

(Anmerkung: = Vorherrschender Materialismus)

gekommen ist. Doch diese Verheißung hat in euch Menschen die verschiedensten Vorstellungen erweckt, aber die wahrheitsgemäße Erklärung fandet ihr nicht, denn gerade dieser Vorgang Meiner Wiederkunft zur Erde wird so verschieden hingestellt, wie auch der Vorgang der Entrückung der Meinen zeitmäßig verschieden angenommen wird, so dass sich irrige Behauptungen ergeben haben, die Ich also berichtigen will:

➔ Mein Wiederkommen zur Erde wird ***nicht*** körperlich stattfinden, dass Mein Fuß diese Erde betreten wird,

(Anmerkung: ebenso nicht die Entrückung)

dagegen werde Ich mit Meinem Gefolge höchster Lichtwesen erscheinen und von allen denen zu sichten sein, die Mein sind, denn es wird niemals Mich Selbst in aller Herrlichkeit zu schauen vermögen der Mensch, der sich Meinem Gegner verschrieben hat,

(Anmerkung: der im materiellen Verstandesdenken sich befindet und dem irdischen Wohlleben zugeneigt ist)

denn die Finsternis kann das Licht nicht sehen, weil die Menschen gänzlich vergehen würden, weil sie das Licht, das aus Mir erstrahlt

(Anmerkung: die Weisheitstiefe)

nicht ertragen könnten. Ich werde also

kommen zur Erde und auch zu den Meinen noch verhüllt in den Wolken,

(Anmerkung: welche das Licht der Sonne abmildern, sprich geistig: Die Wahrheit unserem Auffassungsvermögen entsprechend nahe bringt,)

doch sie werden eine Fülle des Lichtes zu ertragen vermögen und also hoch beglückt Mir zujubeln, wenn sie Mich mit der großen Heerschar der Engel erblicken werden.

(Anmerkung: D.h. inwendig wahrnehmen, nicht in äußerlichen Formen oder Gestalten, sondern als Wirkung aus der Wahrheit und der aus dieser gezeugten Liebe zu Gott im Herzen.)

Denn dafür werde Ich ihnen die Augen öffnen....

Es ist also falsch, zu sagen, alle werden Mich sehen, wenn Ich kommen werde zu richten die

Lebendigen und die Toten, denn das "Gericht" wird *in anderer Weise* stattfinden, als dass sich *der einzelne* vor Mir zu verantworten hat. Denn Ich kenne eine jede einzelne Seele, Ich weiß es, wem sie angehört, und da das Letzte Gericht auf dieser Erde darin besteht, dass die ganze Erde

(Anmerkung: geistig: Die Seele des Menschen)

umgestaltet und aufgelöst wird in ihren einzelnen Schöpfungen, auf dass alles Geistige frei werde zu neuer Verformung, bedeutet diese Auflösung auch den (Anmerkung: geistigen) Tod der Menschen, die in ihrer letzten Erdenlebensprobe versagten und sich Meinem Gegner

(Anmerkung: der materiellen Weltanschauung)

zu eigen gaben.... Diese also sehen den Tod vor Augen

(Anmerkung: die Endlichkeit und Sinnentleertheit)

und können ihm nicht entfliehen, und es wird dies ein großes Entsetzen auslösen unter den Menschen.

Doch bevor dieses letzte Zerstörungswerk stattfindet, werden die Meinen entrückt werden

(Anmerkung: seelisch, d.h. hin zur Gottes-Erkenntnis und Gottes-Liebe)

.... Ich werde Selbst kommen,

(Anmerkung: als die Wahrheit im inneren und äußeren Wort)

sie zu holen, sie werden Mich erschauen dürfen,

(Anmerkung: erkennen im Wort)

wie Ich aus der Höhe

(Anmerkung: im Geist des Wortes)

zu ihnen hernieder schwebe,

(Anmerkung: in das Verständnis der Seele)

sie werden die Hände verlangend nach Mir ausstrecken

(Anmerkung: die Wahrheit begehren und in der Liebe tätig sein wollen)

in höchstem Jubel und in heißer Liebe zu Mir, und Ich werde sie zu Mir ziehen, Ich werde sie hinweg holen,

(Anmerkung: von Irrtum und falschen Begriffen)

Ich werde sie zur Höhe heben,

(Anmerkung: in das geistige Schauen führen, d.h. in das Erkennen der göttlichen Wahrheit)

und sie erleben also einen Vorgang, der gänzlich den Naturgesetzen widerspricht

(Anmerkung: weil es kein materieller Vorgang ist)

Und dieser Jubel der Meinen

(Anmerkung: ihre Kenntnisse, Freude, Zuversicht und ihr Friede)

wird von den anderen Menschen vernommen, den sie sich vorerst nicht zu erklären vermögen, weil sie selbst nichts erschauen und daher nur von einer gewissen Bangigkeit erfasst werden, die sich zur höchsten Angst und zum Entsetzen steigert, wenn sie das plötzliche Verschwinden der Meinen sehen,

(Anmerkung: verschwinden aus dem materiellen Denken der Verstandesklugheit und dem Streben nach weltlichen Zielen)

wenn sie sich keine Erklärung geben können dafür, dass alle jene ihnen unerreichbar sind, die sie verfolgen mit ihrem Hass,

(Anmerkung: mit lieblosen Erwartungen, Forderungen und Welttum)

dass diese plötzlich nicht mehr unter ihnen weilen und unauffindbar sind.

(Anmerkung: In ihrer Sphäre und ihrem Denken)

Es wird wohl eine strahlende Helligkeit sein,

(Anmerkung: Aufklärungen, Enthüllungen, Erkenntnisse, Wahrheit)

die aber von jenen Menschen als unerträglich empfunden wird. Doch sie werden keine lange Zeit zum Überlegen haben, weil das letzte Ende bald folgen wird.... Und die strahlende Helligkeit wird weichen einer fast undurchdringlichen Finsternis,

(Anmerkung: Erkenntnislosigkeit, Sinnlosigkeit, Todesangst)

welche die Menschen zur Verzweiflung bringt.

Dann finden Eruptionen statt, Feuerausbrüche, Erdspaltungen, so dass kein Mensch sich retten kann und von der Erde alle verschlungen werden.

(Anmerkung: Von ihren Irrtümern, falschem Eifer, falschen Begründungen, geistiger und materieller Armut, Krankheiten aller Art und Naturkatastrophen)

Es ist zwischen der Entrückung der Meinen und dieser letzten Zerstörung keine lange Zeit mehr, denn die Entrückung würde für die zurück-bleibenden Menschen ein Glaubenszwang sein, und dieser wäre völlig wertlos, denn eine freie Entscheidung würde dann ausschalten. Und die Menschen hatten zuvor Zeit genug dazu und wurden unaufhörlich ermahnt und gewarnt, und jeder, der noch zur Besinnung kommt zuvor, wird auch noch angenommen und vor dem Untergang der Erde

(Anmerkung: der Gottlosigkeit, Falschheit und

Verdorbenheit der Menschen)

abgerufen, auf dass ihm noch im Jenseits weitergeholfen werden kann.

Es ist aber auch Mein Kommen in den Wolken insofern nicht zum Glauben zwingend, weil jene Menschen, die Mich erschauen, schon die Seelenreife erlangt haben, dass sie nur die Erfüllung dessen erleben, was sie fest glaubten, und darum Mich täglich erwarteten.

(Anmerkung: „Täglich“ im geistigen heißt: in der Erkenntnis Gottes zu stehen. Den Herrn also in der Gotteserkenntnis zu erwarten, nicht an einem irdischen Naturtag.)

Es ist den Menschen gerade über diese letzten Ereignisse selten eine richtige Erklärung zu geben, weil sie alle schon sich ein Bild gemacht haben und von ihren Vorstellungen nicht abgehen wollen.

Ihr sollt euch nicht durch irrige Darstellungen

verleiten lassen, die Arbeit an eurer Seele zu vernachlässigen oder hinauszuschieben, denn es wird der Tag eingehalten, da Ich kommen werde in den Wolken und mit diesem Tag auch das Letzte Gericht auf dieser Erde."

B.D., Nr. 8743 vom 03.02.1964, enthalten in Buch 92

Der Erdenschwere entrückt durch Empfang des Gotteswortes

Der Herr: „Ihr vernehmt die Stimme des Geistes, wisst ihr, was das bedeutet? Dass ihr der Erdenschwere entrückt seid, so ihr Mein Wort in Empfang nehmt, sei es direkt oder durch Mittler, dass ihr euch im Kontakt befindet mit der geistigen Welt, die außerhalb jeglicher Materie ist?

Wisst ihr, dass ihr schon nahe am Ziel seid,

dass ihr schon fast die Materie überwunden habt, so Mein Wort in euer Herz dringt und nicht nur am Ohr vorübergeht?

Wisst ihr, dass Mein Wort ein Strahl ist aus dem Lichtreich, das ihr betreten dürft nach dem Ablegen eures Leibes, dass ihr also gewürdigt werdet, im geistigen Reich zu weilen, während euer Körper noch erdgebunden ist?

Wisst ihr, dass ihr, so ihr Mein Wort empfangt, in Verbindung steht mit Mir, eurem Gott und Vater von Ewigkeit, eurem Schöpfer und Erhalter? Dass die Verbindung das Endziel eines jeden Menschen ist und ihr also das Endziel schon erreicht habt, so ihr Mein Wort nicht nur mit dem Verstand aufnehmt, sondern es auf euer Herz einwirken lasst?

Und unsagbar glücklich dürft ihr euch schätzen schon auf Erden, denn ihr nehmt spürbar und nachweisbar die Liebeausstrahlung von Mir entgegen, denn Ich gebe Mich Selbst euch hin,

Ich gebe euch Mein Fleisch und Mein Blut, wie Ich es verheißen habe.... Ich halte mit euch das Abendmahl, weil ihr Mir Einlass gewährt habt, als Ich an eure Herzenstür anklopfte. Und so seid ihr also Meine Gäste, die Mir überaus lieb und wert sind, und Ich werde euch alles vorsetzen, was euch Freude macht, Ich werde euch *mit geistigen Gütern* bedenken, mit Schätzen, die unvergänglich sind und die ihr hinübernehmen dürft in die Ewigkeit;

Ich will euch alles geben, was ihr begehrt, doch ihr werdet nur verlangen, was euch geistig dient und euch beglückt. Und alle Meine Engel und Lichtwesen werden euch zur Verfügung stehen, sie werden euch Aufklärung geben, so ihr solche verlangt, und es wird sich euer Wissen mehren, eure Furcht wird schwinden, ihr werdet das Bewusstsein innigster Verbindung mit Mir haben, so ihr Mein Wort aufnehmt, denn Mein Wort beweist euch Meine Liebe. Mein Wort ist das größte Gnadengeschenk, denn Ich Selbst bin es, Der im Wort unter euch weilt; ihr nehmt also nicht nur den Ausdruck Meiner Selbst entgegen, sondern Mich Selbst nehmt ihr in eure Herzen auf, so Ich zu euch rede."

Aus: Bedeutung der Stimme des Geistes, B.D., Nr. 4325 vom 07.06.1948

Durch die geistige Sehe der Finsternis entrückt

JESUS: „Das geistige Auge erschließt sich erst in einem bestimmten Reifezustand, dann aber ist auch Licht um die Seelen, während geistige Finsternis die Seelen umgibt, die nichts zu schauen vermögen, weil ihnen die geistige Sehe noch verschlossen ist. Irdische Dinge dagegen stehen ihrem Verlangen entsprechend ihnen sichtbar vor Augen; es sind dies aber nur Truggebilde, die in Wirklichkeit nicht existieren, sondern durch das Verlangen der Seele ihr erscheinen, um jedoch einem Schemen gleich zu vergehen, sowie die Seele sie fassen und benützen will, denn an deren Vergänglichkeit soll die Seele erkennen, dass sie etwas Höheres anstreben soll als irdisch-vergängliche Güter. Solange die Seele also noch solche begehrt, werden sich ihr auch keine Lichtwesen nahen, denn materiell gesinnte Seelen schenken den Worten der Lichtwesen kein Gehör, so diese in der Umhüllung kommen und ihnen das Evangelium bringen wollen. Ihnen kann nur durch das Gebet eines Menschen Hilfe gebracht werden in dieser Lage, dann erst wenden sie sich von der Materie ab, und dann suchen sie im geistigen Reich Ersatz. Es kommen ihnen hilfswillige Wesen entgegen, die sie belehren und ihnen den Weg weisen zur Höhe.

Und je williger sie die Belehrungen von den Lichtwesen annehmen, desto eher wird ihnen das geistige Auge erschlossen, und sie sind nun der Finsternis

(Anmerkung: Zustand der Glaubens- und Erkenntnislosigkeit)

entrückt.... sie sind in Sphären eingegangen, wo sie Licht empfangen und Licht abgeben dürfen

(Anmerkung: inwendig im Menschen)

Sie haben den Weg zurückgelegt, der kurze, aber auch sehr lange Zeit dauern kann, je nach der Hartnäckigkeit, mit welcher die Seele die materiellen Güter anstrebt, die sie so lange an die Erde fesseln, bis sie überwunden sind, um nun eingeführt werden zu können von den Lichtwesen in die reine Wahrheit, um nun wirken zu können im Jenseits für das Reich Gottes, indem die Seele das Wissen nun austeilt an bedürftige Seelen, die noch in Finsternis des Geistes dahingehen.“

B.D., Nr. 3316 vom 03.11.1944, enthalten in Buch 43

Kurze Textauszüge zum Thema Entrückung

JESUS spricht:

„Die Menschen in der Endzeit müssen aufgerüttelt werden, weil sie völlig verflachen in ihrem Denken und daher ungewöhnlich beeindruckt werden müssen, um aus ihrer Ruhe aufgestört zu werden. Aber auch ungewöhnliche Erscheinungen haben eine ganz natürliche Erklärung; doch was dem einen natürlich erscheint, ist dem anderen unfassbar, weil er geistig blind ist. Diesen "Blinden im Geist" also wird ein "Sehender" gegenübergestellt, ein Mensch, der sich von seiner Erdgebundenheit lösen kann und gleichsam (inwendig) entrückt wird in das geistige Reich (in ihm) und der aus diesem geistigen Reich zurückkehrt zur Erde (Außenwelt) mit einer Gabe, die irdisch nicht gewonnen werden kann.... denn der Geist Gottes wirkt nur geistig auf die Menschen, niemals aber, um irdische Interessen zu fördern."

Aus: Verschiedene Gaben des Geistes.... B.D., Nr. 6013a vom 31.07.1954

„Das ist das Wunderbare. Ihr sollt es festhalten im Glauben, dass ihr in Mir, eurem JESUS CHRISTUS, zu Überwindern geworden seid. Mein Kind ruht in Mir, ist fröhlich in seinem Herzen und hat Frieden. Es ist nicht wie bei der

Bekehrung, dass sich das Kind mit Mir versöhnt, sondern Mein Kind ist schon in die Ruhe mit Mir eingegangen. Ihr seid auf dieser Erde, damit ihr die Wahrheit erkennt und sie annehmt. Die Liebe vollbringt es, dass ihr *in eurer Gesinnung* zu Mir hin entrückt seid. Das heißt: Eure (Selen)Leiber werden umgewandelt im Nu. Ihr seid dann schon da, wo Ich euch haben möchte: ihr ruht in Mir. Also nicht mehr Kampf und Sieg. Nicht mehr Ungehorsam, Sünde, Buße und Vergebung. Nein, ein Herzenszustand, indem ihr gar nicht mehr sündigen könnt, weil ihr in Mir ruht. Ihr seid in Mir bewahrt"

J.H. Nr. 55 2.6.1959, Buch 2

„In den schwersten Drangsalen vermag der Böse Meine Kinder nicht von Mir zu trennen, denn die Meinen rufen zu Mir „Vater, Dein Wille geschehe." Meine Kinder wissen, dass sie bewahrt sind. Der Böse darf sie nicht antasten.

Auch Paulus hat Meinen Sieg über die Schlange erlebt. Er brauchte nicht auf die Endzeit zu warten, er durfte es in sich erleben, dass er frei und unangetastet ist. Sein Glaube siegte bis zum Tode des Leibes. Alles, was Mein Heiliger Geist ihm eingegeben hat, ist an ihm selbst zur Wahrheit geworden: *Die Entrückung zu Mir hin erlebt er in sich.* Den Tod hatte er nicht schmerzhaft empfunden, denn ich habe ihn in einem Augenblick umgewandelt. Ebenso haben viele Märtyrer den Tod weder gesehen noch geschmeckt, denn die Himmel wurden ihnen geöffnet und sie durften den Sieg ihres Glaubens erleben."

J.H. Nr. 54 12.5.1959, Buch 2

„Meine Kinder, das sind Wahrheiten, die Ich nicht allen sagen kann. Haltet eure Herzen offen, damit Mein Geist des Glaubens euch erfülle, auf dass ihr zu den Auserwählten zählen könnt. Ich bereite Mir heute Meine Kinder zu und es wird stets eine kleine Schar sein, die (von der Weltgesinnung und Welt-Abhängigkeit) entrückt werden kann. Ich habe euch die Unverweslichkeit des (Geist)Leibes an das Licht gebracht. Diese Wahrheit könnt ihr nur im Glauben nehmen, mit demütigen und liebenden Herzen. Ihr werdet erleben, wie euer Herz fröhlich wird, wie es frei wird, wie es durchschaut, wie es alles zu tragen weiß, weil Ich in euch auferstanden bin. Unverweslichkeit des (Geist)Leibes. Ihr seid umgewandelt im Nu. Das ist die leibliche Entrückung zu Mir hin (gemeint ist die Seele, die entrückt wird, als das Gefäß des göttlichen Geistes. Die Seele nimmt dann den Körperleib mit und überwindet dessen Verlangen, so dass der ganze Mensch zum Geistigen strebt, auch das Fleisch). Darüber soll euer Herz erglühen vor Freude, weil Ich, euer JESUS, es zu euch sage. Wenige wissen um diese tiefen Geheimnisse. Und so wenige geben sich Mir hin in der vollen Liebe, in dem Glauben, der keine Grenzen kennt.“

J.H. Nr. 50 4.4.1959, Buch 2

„Ihr werdet auch die Loslösung von geliebten Glaubensgeschwistern erleben. Geschwister, die ihr mit vielen Seelenschmerzen hergebt, hergeben sollt. Nicht weil ihr es müsst, sondern weil sie nicht eintreten können in eure Sphäre der vollen Erlösung. Ihr habt sie liebgewonnen und nun seht ihr wie sie abfallen. Seelenschmerzen erleidet ihr weil sie nicht mit euch gehen. Ihr fühlt euch einsam, sehr einsam. Noch schmerzlicher ist es wenn Eheleute geistig nicht zusammen gehen können. Wenn der Mann sich von ganzem Herzen wünscht, dass die Frau mit ihm eintrete in dieses Letzte, in diese ganz feste Glaubensstellung, in die neue Schöpfung. Meine Kinder, ihr selbst müsst in dieser Glaubensstellung bleiben bis zum Letzten, bis zur sichtbaren Entrückung (d.h. bis diese sichtbar wird am Menschen durch sein Reden und Handeln, *HH*).

Ihr sollt beharrlich festhalten an der vollen Erlösung. Und zwar immerwährend, nicht nur in Drangsalen, sondern täglich. Auch in Zeiten der Freude sollt ihr die neue Schöpfung im Glauben annehmen und darin bleiben. Ihr habt immer wieder Atempausen, in denen die Freude die Oberhand hat. Ich, euer himmlischer Vater, weiß wie schmerzlich für euch die Drangsale und Glaubensproben sind. Der Apostel Paulus sagte: „Ihr sollt allezeit den Gekreuzigten an eurem Leibe spüren." Das bedeutet: ihr braucht solange Glaubensproben bis ihr immer in Mir bleibt. Bis die Entrückung stattfindet, da ihr nicht mehr eure schweren Leiber tragt (d.h. sich nicht mehr materiell und im puren Weltverstand gründet, „ihr werdet den Tod weder sehen, fühlen, noch schmecken", spricht der Herr. *HH*), sondern verwandelt seid im Nu in auferstandene Geistleiber.“

(Anmerkung: Die Seele als der Geistleib also ist auferstanden zum ewigen Leben, weil sie mit dem Geist aus Gott in ihr Wiedergeboren ist. Körperlich lebt der Mensch aber noch immer im Fleisch bis zu dessen Tod. Es ist nicht so, wie falsch gelehrt wird, als würde sich der Leib plötzlich in Luft auflösen und dass solches die Entrückung sei. *HH*)

J.H. Nr. 49 10.3.1959, Buch 2

„Wen die Liebe dazu drängt, wer die Wahrheit erkannt hat, wird zur einheitlichen Kirche finden. Wer die Liebe nicht hat, wird nicht gezwungen, er wird bleiben wo er ist. Kein Zwang, kein Kirchensteuerzettel, allein die immerwährende Liebesgemeinschaft, - das Liebesmahl - verbindet die Glieder der wahren

Kirche untereinander und mit Mir, ihrem JESUS. Meine Kinder, ob Ich euch durch Entrückung zu Mir nehme (und dann innerlich schon im Himmel bin, sprich: im geistigen Schauen mich befinde, obschon noch auf der Erde lebend. *HH*) oder eure Seele durch den leiblichen Tod heim rufe, ist einerlei. Durch die Liebe seid ihr mit Mir innigst verbunden.“

J.H. Nr. 96 7. April 1962

„Lasst Mich in euch wirken. Dann vergeistigt sich auch euer Leib (d.h. der ganze Mensch strebt zu Gott, und der Seele neuer Geistleib bestimmt nun auch das Handeln des Körpers. *HH*) und ihr habt die Antwort über die Entrückung, die manchen von euch noch unklar ist. Wisst ihr, was der Heilige Geist vermag? Nein. Denn wüsstet ihr es, dann wäre euch die Entrückung vollkommen klar. Wer Meinen Heiligen Geist in Vollmacht besitzt, hat den Sieg an sich genommen. So habt ihr alle - und auch du, Mein lieber Sohn (G.) - die Entrückung.“

J.H. Nr. 66 5.4.1960

„Was könnte da noch einer Seele zu tragen und zu unternehmen zu schwer werden, die weiß, dass sie unter dem Schutze eines himmlischen Königs lebt, und doch ist diese Freudigkeit über das hohe Vorrecht so klein und so selten bei den Menschen, denn Ich bin ihnen völlig entrückt (das ist die Umkehr der Entrückung: die Gottesferne. *HH*). Das macht, dass sie zu sehr durch allerlei irrtümliche Lehren ihrem eigentlichen Ziel und (einzigen) Bestimmung entrückt worden sind; darum scheuen sie sich, dieses Verhältnis zwischen Mir und ihnen genauer zu untersuchen, und bleiben in der Finsternis und Unwissenheit.

Aber gleich wie Ich Meine Jünger damals mit Mut, Kraft und Weisheit ausrüstete, so will Ich wiederum Meiner Verheißungen gedenken, und allen, die Mich redlich suchen, eine Zulage Meines heiligen Geistes geben, damit Ich sie als treue Arbeiter gebrauchen kann, um die verirrten Schafe in Meinen Schafstall zu sammeln.“

J. La., Vaterbriefe Band 2 / 286. Zum Himmelfahrtsfest

Nur wer durch die Tat nach JESU Wort seinen Geist in sich erweckt, kann Anteil an der Entrückung nehmen, denn wenn der Geist noch schläft, wohin soll die Seele dann entrückt werden? Sie muss abrücken von ihrem fleischlichen Fühlen und Wollen und hin rücken zum Geiste aus Gott in sich… das ist unter Entrückung zu verstehen. Es ist ein seelischer Vorgang, der aber nur bei jenem zur Lebenswahrheit werden kann, der nach den Geboten der Liebe lebt! So wird zuerst die Seele ver(liebe)geistigt, was die seelische Entrückung ist, und diese vergeistigt dann auch den Leib und verklärt das Materielle in Geistiges... solches ist dann die leibliche Entrückung. Optisch, von Außen betrachtet, aber bleiben diese Ereignisse völlig unbemerkt, da es inwendige Prozesse sind, die nur dem geistigen Auge eines Wiedergeborenen sichtbar sind.

Hanno Herbst

„Mein Heiliger Geist wandelt euch um, es kommt dadurch auch zur Lebendigmachung eures Leibes. Der Leib der Wiedergeborenen stirbt nicht. Mein göttliches Leben erfüllt Geist, Seele und Leib ohne dass ihr es fühlt und erkennt. Es ist ein langsames, stilles Wachsen im Geiste. Dadurch wird euer Leib schon hier auf Erden lebendig, er wird vergeistigt durch himmlische Strahlen. Das wird sichtbar zu der Zeit und Stunde, da Ich wiederkomme, aber nur bei den Überwindern. Es wird (dem geistigen Auge) sichtbar, wenn die Umwandlung und die Entrückung stattfindet."

J.H. Nr. 71 2.7.1960, Buch 2

„Ich habe Meinen Leib umgewandelt. Ich habe Meinen Leib vergeistigt. Ich war der zweite Adam. Ich war gehorsam und blieb in der Ordnung Gottes. Und du und du und du bist der Nächste, ein jeder, der Mich liebt und Meine Gebote hält, soll zur Vergeistigung seines Leibes gelangen. Gemäß seinem Glauben. Denn ewigen Zustrom aus dem himmlischen Reich hat jedes Kind, das in der Liebe, im Glauben und im Vertrauen steht. Dieser Zustrom Meiner göttlichen Liebe bringt Meine Kinder zur Reife, zum Überwinderleben. Dadurch ist auch euer Leib geistig-lebendig geworden. Er ist ein Bestandteil Meiner neuen Schöpfung. Für euch ist das jetzt noch unsichtbar, aber in der Stunde der Verwandlung, bei der Entrückung wird (dem geistigen Auge) offenbar, dass ihr denselben

Leib besitzt wie Ich. Mein Opfer auf Golgatha wäre ja vergeblich gewesen, wenn die Vergeistigung eures Leibes nicht sichtbar würde. Doch Ich komme zum Ziel mit euch. Ich bin eure Erlösung. Ich bin euer Geistleib. Ich bin eure wahre Persönlichkeit. Warum konnten denn die Propheten des alten Bundes nicht erreichen, was euch gegeben ist? Weil das Blut JESU noch nicht da war.

Durch die Annahme Meines Fleisches und Blutes - Meines göttlichen Liebeopfers – (das ist die Aufnahme der göttlichen Wahrheit und die Handlung in tätiger Liebe. *HH*) kann sich die Umwandlung, die Vergeistigung des Leibes in jedem Überwinder vollziehen und wird bei der Entrückung sichtbar werden.“ (weil dann die Seele nicht mehr nur mit fleischlichen Augen die materielle Schöpfung, sondern mit dem nun geöffneten Geistauge auch die geistige Schöpfung sieht und begreift. *HH*)

J.H. Nr. 72 5.7.1960, Buch 2

„Die Zeit ist da, in der Mein göttliches Leben in euch sichtbar wird. Durch Mein In-euch-wohnen seid ihr geistig schon entrückt und dadurch auch bereit zur ersten Auferstehung, wenn Ich komme und euch zu Mir nehme. Ich will mit euch die neue Erde aufbauen."

J.H. Nr. 76 5.11.1960 Buch 2

„Ich bin der Sieg über Satan, Sünde und Tod. In euer Inwendigstes habe Ich MEINE LIEBE gelegt. Diese Liebe erkaltet nicht. Diese Liebe umfasst alles in Erbarmung. Diese Liebe ist gleich Meinem göttlichen Willen und den sollt ihr ausführen. Dadurch werdet ihr zum Überwinder und - dürft Mich schauen. Die Überwinder werden entrückt (inwendig). Die Überwinder sind die Auserwählten, die Wenigen, mit denen Ich Mein Reich aufbaue. Sichtbarlich aufbaue.

Das sind die Einfältigen dieser Erde, die aber hernach die Erleuchteten sind, *weil sie durch Meine Liebe auch Meine Weisheit besitzen.*“

J.H. Nr. 83 1.4.1961, Buch 2

„Wenn ihr Mir den Tempel eures Herzens bereitet, dass ihr ja sagt zu Meinem Willen, dann könnt ihr nur Freude in euch haben. Dann ist es Mein Heiliger Geist, der euch entrückt von dieser Welt des Elends, der Lieblosigkeit, des Haderns und euch einführt in Mein heiliges Erbarmen, in Meine unendliche Liebe für euch.“

J.H. Nr. 34 2. 9. 1958, Buch 1

JESUS: „Meine Gnade ruft großes Sehnen in euch hervor; sie stärkt euch im Glauben an die volle Erlösung, dass ihr nicht mehr nach dem Fleische wandelt, sondern nach dem Geist. Dieses Geistlich-Gewordensein ist die innere

Umwandlung der Seele. Sie hat sich mit dem Geiste in sich verbunden und darf dadurch wachsen in den Herzenszustand der Brautseele, zur reinsten Liebe. Dafür sorge Ich, euer himmlischer Vater. Ihr dürft nur willig sein. Wenn die Umwandlung nicht geschehen ist, könnt ihr nicht entrückt werden. Ich habe euch verheißen, dass ihr entrückt werdet.

Ja, aber ihr müsst wollen. Ihr dürft geistig nicht stehen bleiben. Eure Seele wird solange unruhig sein, bis ihr in Mir ruht. Das Unruhigsein lasse Ich über euch kommen in stillen Stunden, in Anfechtungen, in Krankheiten, bei Söhnen und Töchtern, welche schon viel Licht in sich tragen in der Stille ihrer Herzen, damit sie heranreifen zur bräutlichen Liebe.

Ihr sollt euch nicht sorgen, ob ihr entrückt werdet. So ihr wollt, werdet ihr entrückt. Die Entrückung ist eine Umwandlung vom gefallenen Wesen zum geistigen Leben. Ihr wisst: Die

Seele, die nach dem Fleische lebt, ist tot. Und wenn sie alles hat, was ihr Herz begehrt, so ist sie dennoch geistig tot.“

J.H. Nr. 121 7. Mai 1964, Stuttgart, Buch 3

"Es soll alle Fleischliebe übergehen in das Leben der Seele, dann alles Leben der Seele in den Geist, und sonach alles vereinte Liebeleben aus dem Fleisch sowohl als auch aus der Seele im Geiste – vom Geiste aus in Gott!"

J.L., Haushaltung Gottes, Band 2, Kap. 105

Kapitel 2: Die Neuoffenbarung Gottes

Einleitung: „Noch vieles hätte Ich euch zu sagen..." (Joh.16,12-14)

Von Prof. Franz Deml

Für die Christenheit, ja für die Menschheit als Ganzes, kann es kein größeres Ereignis geben, als dass die Verheißungen des Herrn im Johannes-Evangelium sich wahrmachen:

> "Noch vieles hätte ich euch zu sagen, doch ihr könnt es jetzt noch nicht ertragen (fassen). Wenn aber jener, der Geist der Wahrheit, kommt, wird er euch in alle

> Wahrheit einführen. Er wird nicht aus sich selber sprechen; er wird vielmehr reden, was er hört, und wird euch verkünden, was künftig ist.” (Joh. 16, 12-14)

Der Inhalt dieser Worte lässt keinen Zweifel daran, dass es sich hier um künftige Prophetien handelt. Tatsächlich hat es auch in der christlichen Ära, nicht nur im Alten Bund, eine fortlaufende Prophetie gegeben, die leider bei den institutionellen Kirchen zu wenig Beachtung fand. Mit der willkürlich gesetzten und unbegreiflichen These, dass spätestens mit dem Tode der Apostel alle Offenbarung endgültig abgeschlossen sei, gewährte man der Stimme des Heiligen Geistes nur wenig Spielraum mehr.

Nun hat aber schon der zu seiner Zeit hoch gerühmte Zisterzienserabt Joachim von Fion (gest. ca. 1205), der selbst ein großer Prophet war, in seiner Dreizeitenlehre darauf hingewiesen, dass nach der Offenbarung des Johannes, zu

Beginn des sogenannten Geistzeitalters (d.h. kurz vor dem Endgericht), den Menschen ein "Ewiges Evangelium" verkündet werden wird. Der betreffende Text bei Johannes lautet:

> "Und ich sah einen anderen Engel fliegen durch die Himmelsmitte, der hatte ein Ewiges Evangelium zu verkünden über die Erdbewohner und über alle Nationen und Stämme und Sprachen und Völker…"
> (Joh. Offb. 14,6)

Wir müssen uns nun fragen: Hat es vielleicht eine solche Verkündigung nicht schon längst gegeben oder müssen wir noch darauf warten? Wir können es jedenfalls als ein heilsgeschichtliches Omen betrachten, dass auffallenderweise sogleich mit dem Beginn der Neuzeit die Prophetengabe in einem Ausmaß wuchs, dass niemand mehr, auch die Kirche nicht, daran vorbei kann.

Schon mit J. Böhme und E. Swedenborg waren Höhepunkte erreicht, die schließlich noch durch den größten aller christlichen Propheten, durch Jakob Lorber (1800 - 1864), weit übertroffen wurden. Durch ihn hat zweifellos der verheißene Heilige Geist sein ganzes Füllhorn ausgegossen. Besonders ist es das zehnbändige "Große Evangelium Johannes", das anhand von detaillierten Schilderungen aller Vorgänge im Leben Jesu während seiner drei Lehr- und Wanderjahre "in alle Wahrheit einführt". Erst recht aber wird in dieser Prophetie die folgende Verheißung Jesu wahr:

> „Der Beistand aber, der Heilige Geist, den der Vater in meinem Namen senden wird, der wird euch alles lehren und euch an alles erinnern, was ich euch gesagt habe."
> (Joh. 14,26)

Wie sehr treffen gerade diese Worte auf das

"Große Evangelium Johannes" zu! Aber auch die großen Jenseitswerke Lorbers sind eine unerschöpfliche Quelle tiefster Erkenntnisse.

Diese sogenannte Neuoffenbarung - die nirgends in Widerspruch steht zur Altoffenbarung, das heißt zu den überkommenen vier Evangelien, sondern ihren Inhalt erst voll zur Entfaltung bringt, - ist ein "Licht aus den Himmeln", das in allen Dingen Klarheit schafft und keine Fragen offen lässt. Ja, sogar die alte Unstimmigkeit zwischen Wissenschaft und Glauben wird dadurch vollständig behoben, da sie auch die naturgeistigen Vorgänge im Schöpfungsbereich, in Makrokosmos und Mikrokosmos, bis ins letzte durchleuchtet. Das physische Universum in seiner Gesamtheit ist in dieser Prophetie ebenso enthalten wie der astrale und geistige Kosmos, Diesseits und Jenseits. Wir erhalten Auskunft über die Entstehung der Welten wie über den Verlauf der Heilsgeschichte, über das Wesen Gottes und der Engel, und erst recht über den Menschen und seine ewige Bestimmung. Dass Christus als der geoffenbarte Vater und Erlöser der Welten bei alledem im Mittelpunkt steht, ist selbstverständlich.

-

Es ist eines der vielen Wunder, die in der Heilsgeschichte schon so oft für Überraschungen gesorgt haben, dass dieser Prozess der "Wiederkunft Christi im Wort" in aller Stille vor sich ging. In größter Verborgenheit geschah es, dass der "Schreibknecht Gottes" Jakob Lorber vor bereits über hundert Jahren den Grund legen durfte für eine neue Ära der Menschheitsgeschichte. Es war Gottes Kalkül, in einer relativen Zeit der Verborgenheit alles vorzubereiten, dass das Licht plötzlich hervorbrechen konnte. Allein schon die Naturwissenschaften bestätigen heute das Weltbild der Neuoffenbarung in einer Weise, die niemand für möglich gehalten hätte.

Wie immer bei prophetischen Kundgaben bediente sich der Herr auch bei Jakob Lorber der höchst eigenen Sprache des Mediums. Es darf uns daher nicht wundernehmen, wenn altertümelnde Ausdrucksweisen in Stil und Mentalität der damaligen Zeit vorherrschend sind. Dass es in der Hauptsache eine Herzenssprache ist, mit vielen volkstümlichen Beimengungen, erleichtert das Lesen. Wahrheitsgehalt und Weisheitstiefe der göttlichen Einsprache aber werden in keiner Weise beeinträchtigt.

Das Neuoffenbarungs-Schrifttum, z.B. durch Jakob Lorber mit seinen 25 zum Teil sehr umfangreichen Bänden, hat bereits eine Auflage von über einer Million Exemplaren erreicht. Und hatte man es früher in kirchlichen Kreisen kaum beachtet oder direkt abgelehnt, so setzen sich heute in der großen Glaubenskrise und Seelennot unserer Zeit immer mehr Geistliche ernsthaft damit auseinander; ja, manche von ihnen sind aufs äußerste beeindruckt.

So schreibt zum Beispiel der evangelische Theologe D. Dr. Kurt Hutten: "Dieses Weltbild hat Tiefe und Kraft, umfasst alle Ebenen des menschlichen Seins und der Geschichte, enthält großartige Vorstellungen wie die des großen Schöpfungsmenschen und hat in erstaunlicher Weise moderne Forschungsergebnisse vorweg genommen, so z. B. die in der Atomphysik erfolgte Auflösung der Materie in Energie und Bewegung. In einer Zeit, in der sich die Dimensionen des Universums durch die Astronomie ins Unermessliche geweitet haben, unsere Erde als ein winziges, belangloses Stäubchen erkannt worden ist, das im Reigen der Sonnen und Milchstraßen verloren umhertreibt, und der Mensch sich in einer frierenden Einsamkeit und Verlorenheit vorfindet, kann das Weltbild Lorbers eine große Hilfe sein. Es gibt der Erde samt ihrer Geschichte und Heilsgeschichte ihre Würde wieder, verleiht dem Glauben eine kosmische Weite, verwebt Diesseits und Jenseits, Mikrokosmos und Makrokosmos ineinander, preist die alle Schöpfung durchwaltende Liebe Gottes und weist mit alledem den Menschen einen Weg zur Geborgenheit."

Der katholische Theologe Robert Ernst: "...25 Bände hat Jakob Lorber in 24 Jahren geschrieben. Ein Monumentalwerk, das über das Fassungs- und Schaffensvermögen des genialsten Philosophen, Theologen und Schriftstellers hinausgeht."

Der evangelische Theologe Helmut von Schweinitz: "Das Phänomen Lorber mit der Deutung der Tiefenpsychologie abzutun, ist keine überzeugende Erklärung, denn was in seinen Schriften an die Oberfläche des Bewusstseins tritt, sind Erkenntnisse, die aus der Sphäre seines beschränkten menschlichen Wissens nicht stammen können. Zu ihrer Aneignung würde ein Menschenleben nicht ausreichen und alle schöpferische Phantasie nicht genügen. Genauso wenig kann das Lebenswerk Lorbers durch philosophische oder theologische Spekulation erklärt werden. Es bleibt bei ihm wie bei allen prophetischen Phänomenen ein unerklärbarer Rest.

Bei der Untersuchung der Frage, wie Neuoffenbarung und Altoffenbarung zusammen-stimmen, stellt der evangelische Pfarrer Hermann Luger fest: "Beide stehen auf demselben göttlichen Grund. Lorbers Schriften atmen durchaus biblischen Geist. Nicht nur der Inhalt seiner beiden Hauptwerke "Das große Evangelium Johannes" und "Die Haushaltung Gottes" ist ein biblischer, auch seine anderen Werke sind kernbiblisch. Viele Aussprüche und Reden des Herrn im Großen Evangelium Johannes könnten geradeso gut in einem der vier biblischen Evangelien stehen. Dass sich bei Lorber vieles findet, was in der Bibel, besonders in den vier Evangelien, vollständig fehlt - wie zum Beispiel die Reden des Herrn über die Himmelskörper und die Geheimnisse der Schöpfung -, braucht uns nicht wunderzunehmen und beweist nichts gegen den biblischen Charakter der Neuoffenbarung. Es ist nur verständlich, dass Jesus in den drei Jahren seiner öffentlichen Tätigkeit viel mehr geredet und getan haben muss, als in den Evangelien der Schrift erzählt wird; und wir glauben daher ein Recht zu haben, in der Neuoffenbarung geradeso gut Gottes Wort zu sehen wie in der Bibel. Bibel und Neuoffenbarung sind für uns zwei gleichberechtigte Erscheinungen, die ein und demselben Urgrund entspringen und von denen die eine durch die andere erst recht an Wert und Bedeutung gewinnt."

Vorwort aus dem „Großen Evangelium Johannes" von Prof. Franz Deml

Die 10 Hauptpunkte der Neuoffenbarung Gottes an die heutige Menschheit

Die Wiederkunft Christi im Wort, in den sinnbildlichen "Wolken des Himmels" (Dan.7:13, Mt.26,64), was bedeutet: das Licht der Wahrheit in erkennbarer und verständlicher Art offenbart.

JESUS erklärt uns in über 10.000 Kapiteln:

1. Den Weltgrund:

Es gibt keinen Stoff im Sinne des Materialismus. Alles ist Energie, nämlich Gottes- oder Geisteskraft, zergliedert in allerkleinste Urgrundteilchen (Urlebensfunken). Auch das bisher als kleinste Einheit betrachtete Stoffatom ist ein aus zahllosen Grundteilchen bestehendes lebendiges Universum in kleinstem Maßstab.

(Man vergleiche dazu die neuesten Erkenntnisse der Kernphysik!) Aus den Urgrundteilchen (heute Elektronen oder Quanten genannt) - die nichts anderes als selbständig gemachte Gedankenkräfte Gottes sind - ist das ganze Weltall in planmäßiger Entwicklung aufgebaut.

2. Das Wesen Gottes:

Gott ist ewiger, unendlicher Geist, die Urkraft und der Urgrund alles Seins. Seine höchsten Attribute sind Liebe, Weisheit und Willensmacht. Sein Heiliger Geist erfüllt das ganze All (die "Weltseele" der antiken Religionen). Allein, dieser unendliche Allgeist hat als innerstes ein Machtzentrum, von dem wie aus einer Sonne Gedanken und Willenskräfte in die Schöpfung hinausströmen, um nach einem großen Lebensvollendungskreis wieder zurückzukehren.

In diesem Urmachtzentrum ist Gott wesenhaft gestaltet, und zwar in der höchsten aller Lebensformen: als vollkommener Geistes-Urmensch. ("Gott schuf den Menschen nach seinem Bilde"!) Von diesem Urmachtzentrum aus ist der Gottesgeist ewig schöpferisch tätig.

Die ganze Schöpfung ist ein gewaltiger Entwicklungs- und Vervollkommnungsvorgang der göttlichen Gedanken und Ideen. Er vollzieht sich in ungeheuren, durch Ruhezeiten geschiedenen Perioden ("Schöpfungstagen", "von Ewigkeit zu Ewigkeit")

3. Die geistige Urschöpfung:

Der uns sichtbaren stofflichen Schöpfung gingen geistige Urschöpfungen voraus. In diesen hat Gott aus den gleichsam aus sich hinaus gestellten Urlebensfunken große Geistwesen nach seinem Urbild geschaffen (Urerzengel), die befähigt waren, weitere Geistwesen ihresgleichen aus sich ins Dasein zu rufen. So entstanden Legionen von großen Geistwesen (Engeln), die sich durch das Ordnungsgebot der Gottes- und Bruderliebe zur gottähnlichen Lebensvollendung erziehen lassen sollten. Ein Teil dieser Urwesen unter dem Hauptgeiste Satana (Luzifer) verfiel aber kraft seines freien Willens in grenzenlose Eigenliebe und Selbstherrlichkeit.

Da jedoch nach ewiger Ordnung den Gottabtrünnigen die nährenden Lebensströme aus Gott versiegen mussten, so erstarrten sie gleichsam und verdichteten sich zu hilflosen Massen. So entstanden im Schöpfungsraum durch Verdichtung geistig-ätherischer Urwesenheiten (Materialisation) die Urnebel der Materie oder des Weltstoffes.

4. Die Stofflich Materielle Schöpfung:

Sollten die gefallenen Urwesen ewig im Banne ihres Gerichtes verbleiben oder doch noch zur Vollendung in Gottes heiliger Lebensordnung zurückgeführt werden? Die göttliche Liebe erkannte sich der gefallenen Geisterwelt: Mit Hilfe der treu gebliebenen Engelsgeister entwickelte der Schöpfer aus den Urnebeln des Weltenstoffs durch Gliederung und Neubelebung den - in seiner Gesamtheit den "verlorenen Sohn" darstellenden - Bau des materiellen Universums. (Kant-Laplace'sche Weltentstehungslehre geistig begründet!) Damit leitete Gott auf all den zahllosen Weltsystemen und Weltkörpern eine Erlösung (Lösung) der in der Materie gebundenen Urwesen ein.

5. Den Zweck des Naturlebens:

Auf allen Gestirnen werden durch das göttliche Walten die erstarrten Weltstoffmassen mehr und mehr gelockert. Die sich lösenden luziferischen Lebensfunken werden nach Gottes liebeweisem Heilsplan in den Reichen der Naturwelt von den Engeln, den Dienern des Schöpfers, in immer neue geistige Läuterungsschulen gebracht. Dies, indem sie - zu stets reicheren Verbänden oder "Seelen" vereinigt - in immer höheren Lebensformen stufenweise durch das Mineral-, Pflanzen- und Tierreich emporgeführt werden. (Darwins Entwicklungslehre in allumfassender geistiger Sicht!) -

Auf diesem geistig-leiblichen Entwicklungsweg werden die "Naturseelen" im Bau und Gebrauch ihrer jeweiligen Lebenshüllen (alle Gebilde der drei Naturreiche) angeleitet. Sie beginnen damit, ihre widergöttliche Selbstsucht nach und nach zu überwinden und sich zur himmlischen Ordnung des Dienens in gegenseitiger Liebe zu bekehren. (Aufbau gemeinsamer Verbände, Organismen.) So predigt auch das Evangelium die "Erlösung aller Kreatur" durch die Macht der Liebe.

6. Den Menschen - das Endziel dieser Entwicklung:

Die auf diese Weise aus der luziferischen Materie aufgestiegene Menschenseele soll - unter dem Einfluss eines ihr eingehauchten Gottesgeist- oder Liebefunkens - sich nun im irdischen Leben bewähren. Durch freiwillige Erfüllung der Liebesgebote Gottes soll sich der Mensch immer höher bis zur wahren Gotteskindschaft entwickeln. um schließlich am Ziel der Vollendung zur wahren Freiheit und Seligkeit des ewigen Lebens einzugehen.

7. Die Wesenheit Jesu Christi:

Als die Schöpfung so weit gereift war, um die höchste Enthüllung der göttlichen Liebe - die Gottheit als "Vater" - zu fassen, wählte Gott unsere äußerlich so unscheinbare Erde zur größten Liebetat seiner Erbarmung aus. Hier, wo der innerste Geistkern Luzifers gebannt gehalten wird, hüllte Gott sein geistmenschliches Urmachtzentrum ins Gewand der Materie. ("Und das Wort ward Fleisch.") In Jesus Christus trat Gott selbst ins Menschenreich, um dieses und alle Geister der Unendlichkeit zu belehren. Als höchstes Zeugnis der Liebe zog Er selbst das Kleid der Materie an, um die Gefallenen aus ihrem Gerichte zu erlösen und die Geläuterten wieder ins Vaterhaus zurückzuführen. (Gleichnis vom verlorenen Sohn.)

Jesu Geist, das heilige Urmachtzentrum Gottes, ist der "Vater". Jesu Seele (und Leib), d.h. sein Menschliches, ist der vom Vater geschaffene "Sohn". Die in die Unendlichkeit ausstrahlenden Gotteskräfte, ausgehend vom Vater durch den Sohn, sind der "Heilige Geist". Und so sind in Christus vereint Vater, Sohn und Hl. Geist (Lösung der Dreieinigkeitsfrage!). Jesus: "Wer mich sieht, der sieht den Vater" und "Ich und der Vater sind eins!"

8. Den Heilsweg zur geistigen Wiedergeburt:

Als einzigen, zu Vollendung und ewigem Leben in Gott führenden Heilsweg lehrte Jesus das Grundgesetz der ganzen Schöpfung: "Liebe Gott über alles und deinen Nächsten wie dich selbst!" Weder äußerliche Werkgerechtigkeit (Sakramentenempfang) noch äußerliche Glaubensgerechtigkeit (Bekenntnisglaube) genügen; sie sind bestenfalls Hilfsmittel für den Heilsweg der reinen, tatkräftigen Liebe, dem Urgrund alles Seins.

Ist im Menschen mit Hilfe des Gottesgeistes die reine Himmelsliebe zum unbeschränkten Herrscher geworden, dann ist der Mensch dem Gerichte der Materie entronnen und hat die geistige Wiedergeburt erreicht. Mit dem ihr eingepflanzten Gottesgeist völlig verbunden, vermag die geläuterte Seele sodann zu einem wahren Gotteskind zu werden, "eins" mit ihrem Schöpfer und himmlischen Vater und ewig teilhabend an der Fülle seiner göttlichen Lebens- und Wirkungs-kräfte.

9. Die Fortentwicklung im Jenseits:

Die meisten Erdenmenschen treten nach ihrem Leibestod noch unvollendet in die feinstofflichen Jenseitssphären ein. Ihnen bietet die göttliche Liebe drüben neue Schulungsstätten, um schließlich alle - wenn auch oftmals auf weit schwierigeren und peinvolleren Wegen - doch noch zur Vollendung zu führen. Denn der göttliche Plan einer allgemeinen Erlösung kennt keine ewige Verdammnis!

Um das Endziel zu erreichen, gelangen die noch unreif aus dem Leben scheidenden Seelen im "Jenseits", d.h. in der irdisch unsichtbaren geistigen Welt zunächst in eine Art Traumleben. Hier wird ihnen zu ihrer Belehrung ein von ihren Schutzmächten geleitetes innergeistiges Schauen und Erleben zuteil, das je nach ihrer guten oder bösen Gesinnung ein paradiesisch-wonnevolles oder höllisch-qualvolles Empfinden hervorruft.

"Himmel und Hölle" sind somit keine Örtlichkeiten, sondern geistige Entwicklungszustände der Seele. - Stark selbstische, erdgebundene Seelen werden auch durch Wiedereinzeugung (Reinkarnation) auf anderen stofflichen Welten oder zuweilen auch auf unserem Erdplaneten weiter geschult.

10. Das Ziel der Vollendung:

Seelen, die sich auf Erden oder in der jenseitigen Welt zur reinen Gottes- und Nächstenliebe läutern ließen, gelangen zu stets neuer und beseligender Wirklichkeit. Ihre geistige Schau und Wirkungsmacht erweitert sich in den dreifach gestuften Himmeln, entsprechend der Reinheit und Stärke ihrer Liebe. Die endloser Steigerung fähige Seligkeit der Vollendeten besteht in immer tieferer Erkenntnis Gottes, immer größerer Liebe zu Ihm und all seinen Geschöpfen, sowie in stets wirkungsreicherer Mittätigkeit am hohen Werke der Schöpfung als der Offenbarung alles Seins und Lebens.

* * * * * * *

Schon diese kurzen Andeutungen lassen erkennen, dass bei den neuen Offenbarungen Gottes (den "Wolken des Himmels", siehe Daniel 7,13 und Matthäus 26,64, *HH*) eine geistige Religion von größter Weite, Einheitlichkeit und Folgerichtigkeit vorliegt. Sie vermittelt eine erhabene Lebenslehre reinster Liebe und höchster Tatkraft, in der die Gottheit, der Vater in Jesus, den Grundstein bildet.

Die ganze Fülle und Vielseitigkeit der Lehre eröffnet freilich erst das eingehende Studium der Wiederkunft JESU im Wort Seiner Neuoffenbarungen. Diese bieten gerade das, worum die besten Geister unserer Generation zutiefst ringen: eine Synthese zu finden zwischen der Heilandslehre der Bibel und dem Entwicklungsgedanken der Wissenschaft. Daraus ergibt sich ein übereinstimmendes, an kein konfessionelles Bekenntnis gebundenes Christentum, das durch seinen Ethos der Liebe und die Tiefe seiner Erkenntnis alle Menschen zu einer hochgesinnten Geistes- und Lebensgemeinschaft zu einen vermag.

Aus "Ein Mann hört eine Stimme", Lorber-Verlag Bietigheim

Jakob Lorber und die Neuoffenbarung

Jakob Lorber (1800 - 1864) war ein von Gott erwählter Mann. Sein prophetisches Werk, das ihm durch inneres göttliches Diktat mitgeteilt wurde, wird in seiner Bedeutung in unserer Zeit immer mehr erkannt. Das 25bändige Werk schließt alle Fragen auf, die uns über die Heilsgeschichte, ja sogar über die gesamte Schöpfungsgeschichte bewegen. Da wird sowohl die Entstehung wie auch der Aufbau der Welten in ihrem physischen, astralen und geistigen Bereich bis ins kleinste durchleuchtet. Besonders aber erfahren wir alles über das Wesen Gottes, über die Welt der Engel, die jenseitigen Läuterungsstufen der Seelen nach dem irdischen Tod und, im Mittelpunkt stehend, das Wesen des Erlösers Jesu Christi.

Am 15. März 1840 vernahm er beim Morgengebet „in der Gegend des Herzens“ eine Stimme, klar und hell, die ihm gebot: „Steh auf, nimm deinen Griffel und schreibe!“ Diesem geheimnisvollen Rufe gehorchend schrieb er die folgenden Worte nieder: „So sprach der Herr zu mir und in mir (Jakob Lorber) für jedermann, und das ist wahr, getreu und gewiss: Wer mit Mir reden will, der komme zu Mir, und Ich werde ihm die Antwort in sein Herz legen. Jedoch die Reinen nur, deren Herz voll Demut ist, sollen den Ton Meiner Stimme vernehmen. Und wer Mich aller Welt vorzieht, Mich liebt wie eine zarte Braut ihren Bräutigam, mit dem will Ich Arm in Arm wandeln. Er wird Mich allezeit schauen wie ein Bruder den anderen, und wie Ich ihn schaute schon von Ewigkeit her, ehe er noch war.“

Lorber hatte zuvor gerade das unerwartete Angebot erhalten, an der Oper in Triest die

Stelle eines zweiten Kapellmeisters zu übernehmen und schon alle Reisevorbereitungen getroffen. Doch nach diesem ihn tief erschütternden Ereignis entsagte er, jetzt schon im 40. Lebensjahr stehend, diesem verlockenden Angebot und widmete sich fortan als „Schreibknecht Gottes“, wie er sich zuweilen nannte, bis zu seinem Lebensende der Niederschrift dessen, was er in sich durch das „Innere Wort“ vernahm und als Stimme Jesu Christi, das lebendige Wort Gottes empfand. Seinen oft dürftigen Lebensunterhalt musste er nun weiterhin als Musiklehrer und Klavierstimmer verdienen, weil er sein ansehnliches Erbteil seinem Bruder zum Existenz-Aufbau leihweise überlassen hatte, aber zeitlebens nichts mehr davon zurückerhielt.

Für den Gesamtinhalt der Niederschriften Lorbers hat sich unter ihren Freunden seit langem die Bezeichnung „Neuoffenbarung“ (im Unterschied zur biblischen „Altoffenbarung“)

eingebürgert. Sie will die ursprüngliche und vollständige Gottes-, Erlösungs- und Heilslehre, deren Kenntnis Jesus zum Teil seinen Aposteln und engsten Schülern vorbehalten musste, den Menschen des Industrie- und Informationszeitalters frei von traditionellen und modernen Irrtümern und Entstellungen, zusammen mit weiteren, erst den Menschen unseres Zeitalters begreiflichen Enthüllungen zugänglich machen. Das betrifft die im Mittelpunkt stehende Gottes- und Heilslehre wie auch die Aufschlüsse über die geistige Urschöpfung, den Entstehungsgrund und Zweck des materiellen Universums sowie die Läuterung und Weiterentwicklung irdischer Verstorbener in den verschiedenen jenseitigen Sphären.

Die Neuoffenbarung macht uns auch wieder bekannt mit den gesetzmäßigen Entsprechungen zwischen Dingen und Vorgängen in der geistigen und in der natürlichen Welt und dem rechten

Verständnis ihrer Bildersprache. Die Kenntnis der geistigen Entsprechungen, zur Zeit Jesu nur noch wenigen Eingeweihten geläufig, ist der Schlüssel zum wahren Verständnis des inneren Sinns vieler Texte des Alten und Neuen Testaments, besonders des Johannes-Evangeliums als des geistigsten (übrigens auch in äußeren Dingen zuverlässigsten) der Evangelien, der Geheimen Offenbarung des Johannes und auch zahlreicher Texte der Neuoffenbarung.

Letztere bietet auch die beste Grundlage für eine wirklichkeitsgerechte Verbindung von geistiger Religion und wahrer Naturerkenntnis in einem Weltbild, in das die schon in frühchristlicher Zeit verlorengegangene kosmische Dimension und auch der Bereich des Übersinnlichen (heute als Parapsychologie und Paraphysik bezeichnet) wieder einbezogen sind. Auch in der Bibel berichtete außergewöhnliche, gemeinhin als „Wunder“ bezeichnete Ereignisse und Taten, deren Tatsächlichkeit zumeist geleugnet wird, verlieren durch die Neuoffenbarung den traditionellen Nimbus des unerklärlichen Mirakels, weil sie, auch für menschliche Vernunft nachvollziehbar, einer höheren geistgelenkten Naturgesetzlichkeit unterliegen. Christentum und Wissenschaft, Schöpfungslehre und Entwicklungsgedanke, Herzenserkenntnis und rationales Denken verbinden sich in der Neuoffenbarung zu einem übereinstimmenden, an kein konfessionelles Bekenntnis gebundenen Christentum. Es vermag in Jesus Christus alle Menschen zu vereinen in der Liebe zu Gott und tätiger Menschenliebe und Fürsorge für die uns anvertraute Schöpfung.

Von den 25 umfänglichen Bänden und einer Reihe kleinerer Schriften des Lorberwerks seien hier nur das „Große Evangelium Johannes" und die „Jugend Jesu" genannt. Im „Großen Evangelium Johannes" besitzen wir gemäß biblischer Verheißung in Joh. 14,26 eine eingehende Schilderung der Lehrtätigkeit und des Wirkens Jesu. Wir werden gleichsam Ohrenzeugen auch jener Lehrgespräche, die Jesus nur im Kreise seiner reiferen Jünger und Freunde führen konnte und die, wie auch manche Heilungen, nicht zur späteren Aufzeichnung in den biblischen Evangelien bestimmt waren. Das zehnbändige Werk bildet gleichsam die „authentische Langfassung" des biblischen Johannes-Evangeliums, dessen Chronologie es folgt, und ist das Herz- und Hauptstück der Gottesbotschaft durch Jakob Lorber.

Die „Jugend Jesu" macht uns wieder mit dem seit frühchristlicher Zeit – bis auf geringe Teile, die in der „Berlenburger Bibel" überliefert sind – verschollenen vollständigen Jakobusevangelium vertraut. Der von Jakobus dem Älteren (dem jüngsten Sohn Josephs aus erster Ehe und Helfer Marias bei der Betreuung ihres Kindes Jesus) verfasste ausführliche Bericht über

Empfängnis und Geburt Jesu, ferner die mit römischer Hilfe gelungene Flucht der Familie vor dem Kindesmörder Herodes nach der damaligen Stadt Ostracine in Ägypten, ihr dortiger Aufenthalt und die Rückkehr nach Nazareth –, und vieles Weitere wird in einer Weise geschildert, die unser Gemüt tief anrühren, uns das Empfinden unmittelbaren Beteiligtseins vermitteln und etwas vom Wirken des Gottesgeistes im Kinde Jesus verspüren lassen kann.

Nach den prophetischen Kundgaben Lorbers vor 150 Jahren steht die Menschheit gegenwärtig mitten in der größten inneren und äußeren Umwälzung ihrer Geschichte und durchläuft in diesen Jahrzehnten den letzten, äußerst turbulenten und durch menschliches Fehlverhalten, zunehmende Naturkatastrophen und technische Großunfälle geprägten Abschnitt (End- und Wendezeit) vor dem Durchbruch in ein neues Zeitalter, dem verheißenen Friedensreich Jesu

Christi, in dem die Menschen den Geist Seiner Liebe in sich zur Herrschaft gelangen lassen.

Hermann-Josef Brodesser, Lorber-Verlag

Die Hauptwerke der Neuoffenbarung Gottes an Jakob Lorber

Die Haushaltung Gottes – 3 Bände:

Dieses Werk behandelt in einer machtvollen Propheten-Sprache die Hauptgrundfragen allen religiösen Denkens: Das Wesen Gottes, die Urschöpfung der Geisterwelt, die Entstehung der (materiellen) Sinnenwelt, die Erschaffung des Menschengeschlechts und die Urgeschichte der Menschheit bis zu der großen vorderasiatischen Erdkatastrophe der Sintflut. Was die ersten Kapitel der Bibel gewissermaßen in einem Samenkorn geben, das finden wir in dieser „Haushaltung" als einen mächtigen, das Samenkorn erst recht bestätigenden und verherrlichenden Baum der Erkenntnis. Das Wesen Gottes und seiner geistigen und stofflichen Schöpfung wird uns hier in unvergleichlicher Weise vor die Seele geführt, sowohl nach der unnahbar erhabenen Seite, wie nach der bis ins Kleinste sich hinab beugenden Liebe Gottes. Und ein tiefer, voller Strom des Lichts fällt schließlich in der Urgeschichte der Väter auf den wahren Zweck und Sinn und auf die Führungen des menschlichen Lebens.

Band 1 – Die Urgeschichte der Menschheit

- Das Geheimnis der Schöpfung
- Die Urzeit der Erde und des Mondes
- Der Sündenfall
- Die Geburt Cahins und Ahbels
- Die Entwicklung von Cahins Geschlecht
- Gründung der Stadt Hanoch in der Tiefe

- König Hanochs gottlose Regierung
- Die Nachfolger Hanochs bis zu König Lamech
- Urgeschichte des chinesischen Volkes
- Gegensätze zwischen Gott und den Menschen
- Gründung der ersten ordnungsmäßigen Kirche dieser Erde
- Vom Wesen der Zeit und der Ewigkeit
- Vom Wesen des Lebens
- Eine Verheißung des Herrn u.a.

Band 2 – Aufstieg und geistige Blüte des ersten Weltreiches Hanoch

- Ehestiftungen durch den Herrn: Lamech und Ghemela werden die Eltern Noahs sein
- Henoch vom Herrn zum Hohepriester eingesetzt und des Herrn Verheißung an

ihn

- Die Verklärung Sehels
- Lamechs Bekehrung
- Erbauung des ersten Tempels in Hanoch
- Henoch: alleiniger Hohepriester dieser Zeit, „da Himmel und Erde in Eines geflossen sind“
- König Lamech: Oberpriester des neuen Tempels

Band 3 – Die ersten Hochkulturen - Entartung und Untergang in der Sintflut

- Liebesbund des Herrn mit der ganzen Erde
- Szene mit Satana
- Hanochs Goldenes Zeitalter im geistigen Sinne
- Verbannung Satanas durch Henoch in den Mittelpunkt der Erde

- Adams und Evas Tod
- Henochs Hinwegnahme
- König Lamechs Tod
- Allmählicher moralischer Verfall auf der Höhe und in der Tiefe
- Massenzuwanderung von Männern und Frauen der Höhe ins Riesenreich Hanoch und neuer moralischer Niedergang
- Hochblüte der Technik und Zivilisation, großartige Stadtkulturen
- Einführung des Heidentums in Hanoch
- Machtkämpfe, Intrigen und Kriegswirren im ganzen Reich
- Mahal (Bruder Noahs) und seine Kinder verstrickt in die tragischen Ereignisse der Tiefe
- Beginn der durch die Völker der Tiefe selbst verschuldeten Sündflut
- Mahals Verklärung und Engelsdienst in

der Führung der Arche Noahs. Anhang: die vornoahische Gestalt der Erde

Kindheit und Jugend Jesu:

Bei diesem Werk handelt es sich um das durch J. Lorber wieder-empfangene Jakobus-Evangelium. Der Herr hatte ihm diese Neuoffenbarung schon im voraus am 22. Juli 1843 angekündigt und hinzugefügt: „Jakobus, ein Sohn Josephs, hat solches alles aufgezeichnet; aber es ist mit der Zeit so sehr entstellt worden, dass es nicht zugelassen werden konnte, als echt in die Schrift aufgenommen zu werden. – Ich aber will dir das echte Evangelium Jakobi geben, aber nur von der Zeit an, da Joseph Maria zu sich nahm. Jakobus hatte auch die Lebensbeschreibung Mariens von ihrer Geburt an mit aufgenommen sowie die des Joseph.“

Und nun empfing der auserwählte Mittler durch die Stimme des Geistes in seinem Herzen eine umfassende, wunderbare Schilderung der Geburt und Kindheit Jesu von so inniger, erhebender Schönheit und Macht, dass wohl kein Herz den göttlichen Ursprung und die Wahrheit dieses kostbaren Schriftwerkes verkennen kann. Das Werden und Sich-entfalten des Jesuskindleins unter der Obhut Marias im Hause des Pflegevaters Joseph, auf der Flucht nach Ägypten und dann wieder zu Hause, in Nazareth, entrollt sich vor unseren Augen.

Wir erleben das erste wunderbare Wirken und Sichbekennen des Gottesgeistes in dem Kindlein und empfangen mit freudigem Staunen ungeahnte Einblicke in das heilige Geheimnis der Person Jesu. Es wird uns die beseligende Gnade, im „Sohne“ den „Vater“ zu erkennen und mithin in Jesus „Vater, Sohn und Heiliger Geist“ vereinigt zu finden.

Mit den Bruchstücken der alten Überlieferung in der Berlenburger Bibel ist – bei Berücksichtigung der diesem Text widerfahrenen Veränderungen und Entstellungen – eine starke, teilweise wörtliche Übereinstimmung festzustellen. Und so beweist der Inhalt, dass uns in dieser Jugendgeschichte Jesu durch Jakob Lorber tatsächlich eine alte christliche Urkunde von unschätzbarem Wert neu gegeben ist.

Das große Evangelium Johannes 11 Bände:

Ist es nicht der Wunschtraum eines jeden Christen, möglichst das Ganze über Jesu Erdenwirken zu erfahren? Da die Evangelien aber mehr oder minder im Rahmen einer historischen Berichterstattung bleiben, muss es auch Propheten geben, die Eingeweihten-wissen vermitteln.

So war der Menschheit der Heilige Geist verheißen worden, sie „alles zu lehren und an alles zu erinnern“. Gemäß Joh. 16,12-13 lautete ein bezügliches Wort Jesu an die Jünger:

> „Ich habe euch noch viel zu sagen; aber ihr könnt es jetzt nicht tragen. Wenn aber jener, der Geist der Wahrheit, kommen wird, der wird euch in alle Wahrheit leiten. Denn er wird nicht von sich selber reden; sondern was er hören wird, das wird er reden, und was künftig ist, wird er euch verkünden.“

Eine solche Verkündung aber konnte, wie eh und je, nur Aufgabe der Prophetie sein. So gab es auch in allen Jahrhunderten, angepasst an den Reifezustand der Menschen, eine solche nachchristliche Einweihung durch das direkte innere Wort. Das größte Einweihungswissen ging selbst-verständlich von Christus selber aus, wie er es im Kreise seiner Jünger auf Erden weitergab. Dass vieles davon unter Schweigegebot stand, bezeugt die Bibel. Mit dem Hauptwerk Jakob Lorbers „Das Große Evangelium Johannes“ wird uns auf dem Hintergrund des Lebens Jesu die ganze Lehre, die ganze Heilsgeschichte, das Wunder von der Begegnung des Göttlichen mit dem Menschlichen in aller Tiefe erschlossen. Dabei gibt Jesus selbst als Sprecher und Erzähler uns authentische Berichte von seinen Erdentagen.

Von der Hölle bis zum Himmel – 2 Bände:

Mit welcher Gewalt manche Seele im Jenseits von der Gottesliebe ergriffen wird, sobald sie nur in eine lichtere Sphäre gelangt ist, zeigt uns das Beispiel von Robert Blum. Auf Erden hatte er sich als Revolutionär aus Überzeugung mit

Feuereifer für die Belange der unterdrückten Schichten eingesetzt. In Dingen der Religion aber war er indifferent und skeptisch geblieben. Drüben allerdings lernte er dann sehr bald die Führungen Gottes kennen. Die Lehre von der Eigenverantwortung des Menschen, die sein Schicksal auch nach dem Hinübertritt bestimmt, wird von Stufe zu Stufe lebendig miterlebt. Und manche drastisch-realistisch geschilderte Szene in der Geisterwelt beweist uns, dass der Mensch nach dem Ablegen seines Erdenleibes zunächst ganz derselbe Mensch bleibt, mit seiner Sprache, seinen Ansichten und Gewohnheiten, Neigungen und Leidenschaften, wie während seines Leibeslebens. Das geistige Wachstum im Jenseits hängt – drüben wie hier – einzig davon ab, wie das Grundgebot der Gottes- und Nächstenliebe verwirklicht wurde und wird. Im gleichen Maße wächst auch die Christus-Erkenntnis, und alle Kräfte helfen mit, besonders die Engel und auch der Herr selbst, dass eine geläuterte Seele zu ihrem eigentlichen Erlösungsziel gelangt.

Bischof Martin:

Wir sehen hier einen Menschen, wie er nach seinem letzten irdischen Atemzug das große Tor zum Jenseits durchschreitet. Drüben angekommen, bildet sich seine „Sphäre“ – zunächst einem Traumleben gleich, das noch ganz seine irdischen Irrtümer, Vorstellungen und Wünsche wider-spiegelt. Wir begleiten ihn bei seinen mannigfachen Vor- und Rückschritten auf dem Pfad der Erkenntnis und sehen, wie sich ihm mancherlei höhere Geistwesen und Engel zugesellen, die ihn durch läuternde und belehrende Erlebnisse für eine wahre Erkenntnis Gottes zubereiten.

Wir verfolgen, wie es immer lichter in der

Seele des einstigen Bischofs wird und ihn sein geistiges Erwachen endlich in die hohen Welten der himmlischen Sphären führt. Seine wachsende Liebe lässt ihn nun das Göttliche in Jesus als den Vater der Ewigkeit erkennen, und damit tritt er in den Zustand seiner Vollendung ein, in die Gotteskindschaft mit all ihrer Freiheit, Schöpfergabe und Seligkeitsfülle. Wer die ersten Szenen dieses jenseitigen Schulungswerkes mit dem erreichten Endziel vergleicht, wird ermessen, welchen Weg ein Menschengeist zu durchschreiten vermag, der sich von Sphäre zu Sphäre durchringt bis zu den höchsten Höhen.

Für den aufgeschlossenen Leser bildet dieses Buch nicht nur ein beglückendes Zeugnis für die liebe- und weisheitsvolle Führung des Menschen nach seinem Erdenleben. In den Gesprächen und Erlebnissen Martins mit vollendeten Geistern wie Petrus und Johannes und zuletzt mit dem Herrn selbst findet jeder Suchende eine Überfülle klarster Antworten auf die Fragen nach den Letzten Dingen. Und ihn weht eine heilige Ahnung an von der Unermesslichkeit der großen Schöpfungsidee, aber auch von der Würde des Menschen, wenn er in der erreichten Gotteskindschaft zur Krone der Schöpfung herangereift ist.

Die geistige Sonne – 2 Bände:

Dieses große Lehrwerk von den Zuständen des Jenseits führt uns gleichsam in zehn Geistersphären, das heißt, wir treten in das innere Blickfeld von zehn verschiedenen Geistwesen, die einst irdisch verkörpert waren. Ihre hohe und höchste Erkenntnis hat durch den Grad ihrer Liebe zum himmlischen Vater die verwandte, jedoch eigen geprägte Art ihrer seelischen Welten gestaltet.

Mit dem Eintritt des Lesers in die Sphären dieser zehn Geister – darunter sich die Apostel Petrus, Markus und Paulus, der Prophet Daniel, der Seher Swedenborg und zuletzt Johannes als der Inbegriff errungener Liebeweisheit befinden – erschließt sich ihm ein geistiges Bild von überwältigender Größe und Weite.

In sich stets steigernden Bildern und Szenen, die zugleich eine einmalige Schule der wichtigen Entsprechungslehre bilden, erhalten wir Einblicke in die Geheimnisse der Naturschöpfung von der Erde bis zu den Zentralsonnen. Darüber hinaus eröffnen sich aus der Sphäre dieser erleuchteten Geister Zusammenhänge zwischen den sichtbaren Welten des Universums und den unsichtbaren des geistigen Alls, die geeignet sind, das zu eng gewordene Weltbild von heute grundlegend umzuformen und zu einer überzeugenden Klarheit zu führen.

Hier reichen sich wahre Religion und Wissenschaft die Hand zu einem neuen Bund des schauenden Erkennens, und der Menschengeist beginnt etwas zu ahnen von der grenzenlosen Liebe, Weisheit und Allmacht des Schöpfers, welcher auf millionenfachen Wegen alles erdhaft Gebundene in die wahre Freiheit des Geistes zurückführt.

Die 3 Tage im Tempel:

Diese Schrift gibt einen Bericht der Vorgänge im Tempel, als der zwölfjährige Jesusknabe drei Tage lang unter den Lehrern und Ältesten weilte und mit ihnen tief-weise Gespräche, namentlich über die Messiasfrage, führte, worüber bei Lukas 2,47 nur knapp berichtet ist: „Und alle, die ihm zuhörten wunderten sich seines Verstandes und seiner Antworten.“

Paulus' Brief an die Gemeinde in Laodizea:

Der Brief des Paulus an die Christengemeinde in Laodizea (erwähnt in Kol. 4,16) musste bis heute trotz eifriger Nachforschungen als verloren gelten. Auch dieses verschollene, wichtige Dokument aus der Zeit der jungen Christengemeinden wurde an Jakob Lorber durch inneres Diktat neu gegeben. Paulus, der sich leidenschaftlich für die Reinhaltung des Evangeliums einsetzte, führt in diesem Brief an die Laodizäer scharfe Klage, da sie ähnlich wie die Kolosser aus dem reinen Geistchristentum in ein zeremonielles Kirchen-christentum verfallen waren.

Erde und Mond:

Hier offenbart sich die Erde als ein kosmischer Körper, in dem es nichts Totes, Unbelebtes gibt, als ein pulsierender Organismus mit allen Organen, wie sie analog dem irdischen Menschenleib zu eigen sind. Es eröffnet sich eine innere Wunderwelt, in der gewaltige Elementarkräfte den Ausdruck eines planbeseelten Entwicklungsvorgangs bilden, auf den alles Naturgeschehen hinzielt. Enthüllt schon der erste Teil dieser Schrift (die natürliche Erde) neben der materiellen Beschreibung des Erdkörpers vieles von dem naturgeistigen Sinn, so schildert der zweite Teil (die geistige Erde) die metaphysischen Zustände, die der Erde zugehören. Indem diese Darstellungen vom Wesen der Urschöpfung ihren Ausgang nehmen, wird damit das ganze Werk zu einer geistigen Lichtquelle höchster Erkenntnis. Im Anhang dazu findet sich als dritter Teil (der Mond) eine Schilderung der natürlichen Mondwelt mit der verschiedenen Beschaffenheit beider Mondhälften und ihrer Lebensbedingungen.

Jenseits der Schwelle:

Über die jenseitigen Schicksale der Seelen ist noch immer wenig bekannt, da ja jede Seele entsprechend ihrem Erdenleben zunächst eine ihrem inneren Zustand entsprechende Welt erwartet. Das Sterben des Menschen, sein Übertritt zunächst in eine aus seinen Gefühlen, Begierden und Vorstellungen erschaffene Traumwelt, und seine durch leitende Geister und Engel unterstützte Jenseitsführung werden in teils angenehmer, teils erschreckender Art beschrieben.

Quelle: Lorber-Verlag, Bietigheim, Bestellungen hierüber möglich

Schlussbemerkung

Jakob Lorber hat die umfassendsten und größten Offenbarungen erhalten. Auch als sehr bedeutend können die Schauungen Emanuel Swedenborgs angesehen werden, welche im 18. Jahrhundert eine Art Vorläuferschaft zu den im 19. Jahrhundert gegebenen großen Enthüllungen des Herrn durch Jakob Lorber darstellen.

Ebenfalls sehr Aufschlussreich sind die Einzelkundgaben, die Gottfried Mayerhofer, Max Seltmann und Bertha Dudde niederschrieben.

Bei aller Wortfülle sollte jedoch beachtet werden, dass die Offenbarungen immer mit der rechten Liebe zu Gott gelesen werden müssen, um den Geist Gottes im Menschen zu erwecken und Diesen dann, nach Anleitung durch das Gotteswort, in der Seele auch tatkräftig auszubilden.

Ich danke dem Lorber-Verlag in Bietigheim für die freundliche Genehmigung. Alle Bücher der Neuoffenbarungen Jesu Christi, welche Jakob Lorber, Gottfried Mayerhofer und andere empfingen, sind dort erhältlich. Die Bezugsquellen weiterer Bücher und Schriften erfahren Sie über das Internet.

Ich wünsche allen Lesern viel Freude und Dankbarkeit mit dem Liebelicht aus der großen Gnade unseres geistigen und ewigen Vaters Jesus Christus.

Hanno Herbst Im Bergfrieden, 23.12.2018